500만 독자 여러분께
감사드립니다!

세상이 아무리 바쁘게 돌아가더라도
책까지 아무렇게나 빨리 만들 수는 없습니다.

길벗은 독자 여러분이
가장 쉽게, 가장 빨리 배울 수 있는 책을
한 권 한 권 정성을 다해 만들겠습니다.

독자의 1초를 아껴주는
정성을 만나보세요.

미리 책을 읽고 따라해 본 2만 베타테스터 여러분과
무따기 체험단, 길벗스쿨 엄마 2% 기획단,
시나공 평가단, 토익 배틀, 대학생 기자단까지!
믿을 수 있는 책을 함께 만들어주신 독자 여러분께 감사드립니다.

홈페이지의 '독자광장'에 오시면 책을 함께 만들 수 있습니다.
(주)도서출판 길벗 www.gilbut.co.kr
길벗 이지톡 www.eztok.co.kr
길벗 스쿨 www.gilbutschool.co.kr

KB072512

EXCEL TIP BOOK

엑셀 팁북

단, 한 권으로 엑셀을 마스터한다!

김철 지음

길벗

엑셀 팁북

EXCEL TIPBOOK

초판 발행 · 2018년 5월 30일
초판 4쇄 발행 · 2020년 3월 5일

지은이 · 김철
발행인 · 이종원
발행처 · (주)도서출판 길벗
출판사 등록일 · 1990년 12월 24일
주소 · 서울시 마포구 월드컵로 10길 56(서교동)
대표 전화 · 02)332-0931 | **팩스** · 02)323-0586
홈페이지 · www.gilbut.co.kr | **이메일** · gilbut@gilbut.co.kr

기획 및 책임편집 · 박슬기(sul3560@gilbut.co.kr) | **표지 · 본문 디자인** · 장기춘 | **제작** · 이준호, 손일순, 이진혁
영업마케팅 · 임태호, 전선하 | **웹마케팅** · 차명환, 지하영 | **영업관리** · 김명자 | **독자지원** · 송혜란, 홍혜진

편집진행 · 배호종 | **전산편집** · 이승현 | **CTP 출력 및 인쇄** · 교보피앤비 | **제본** · 경문제책 | **CD 제작** · 멀티미디어테크

ISBN 979-11-6050-485-9 03000

(길벗 도서번호 006918)

정가 18,000원

"엑셀은 가장 똑똑한 데이터 관리&분석 프로그램!"

아직도 엑셀을 제대로 사용할 줄 모른다면 이 책을 꼭 읽어야 합니다.

필자는 엑셀 강의를 시작할 때마다 "엑셀은 데이터 분석 프로그램입니다!"라는 말을 꼭 합니다. 따라서 필자는 엑셀을 워드처럼 편집 프로그램으로 쓰는 것이 아닌 데이터를 관리하고 분석하여 결과를 도출하는 방법과 활용에 대해 강의를 하고 있는 것이죠. 그런데 대부분의 수강생들은 셀 서식 변경이나 표시 형식, 표 적용과 같은 사소한(엑셀 데이터 분석에 큰 영향을 주지 않는) 것들을 질문합니다. 이러한 질문을 통해 필자는 많은 사람들이 분석을 제대로 해보기도 전에, 데이터를 정리하느라 작업 시간을 허비하고 있다는 사실을 깨닫게 되었습니다.

따라서 필자는 독자들이 데이터 분석에 시간을 투자할 수 있도록 데이터를 쉽고 빠르게 정리할 수 있는『엑셀 팁북』을 집필하게 되었습니다. 또한 엑셀을 쓰고는 있지만, 데이터 분석의 최강자라고 할 수 있는 엑셀을 제대로 경험해 보지 못한 사람들에게 엑셀을 사용하면서 범할 수 있는 다양한 실수(변수)의 확률을 줄이고, 업무 효율까지 높여줄 수 있는 팁 중의 팁을 엄선하여 이 책 한 권에 담아 두었습니다.

점차 사용하는 데이터는 늘어나 빅데이터로 커지는 상황에서 필자가 알려준 엑셀 팁만 제대로 익혀둔다면, 이 책을 접한 독자들은 좀 더 많은 데이터 분석 시간을 보장받을 수 있습니다. 필자에게는 미처 담지 못한 고급 팁과 노하우가 여전히 가득합니다. 이 책을 통해 엑셀에 대한 자신감이 붙을 여러분들을 위해 엑셀 프로의 고급 기술만 모은 책을 준비하여 다시 만날 수 있는 기회를 갖고 싶습니다. 여러분들의 칼퇴에 건투를 빕니다!

감사의 뜻을 전하며…….

얼마 전 우연히 보게 된 필자 책의 후기 중에서 눈에 띄는 것이 있었습니다. '김철 저자의 책이기에 고민 없이 선택했다.'라는 한줄 서평이었습니다. 짧은 글이었지만, 부담과 함께 한편으로 사명감도 생겼습니다. 그래서 그분을 포함한 많은 독자들을 실망시키지 않는 책으로 보답하겠다고 생각하며 집필하였습니다.

부디『엑셀 팁북』이 책장 구석에서 잠들어 있지 않고 필요할 때마다 항상 꺼내 볼 수 있는 유용한 책이 되길 바랍니다. 또한 작성된 팁을 반드시 채득해서 데이터 분석에 투자하며 생산성을 높이는 계기가 되었으면 합니다.

마지막으로 이 책을 집필하며 고생한 배호종, 박슬기 님께 지면을 통해 감사의 말씀을 전하며, 제 옆에서 항상 마르지 않는 샘물처럼 힘이 되어주는 아내와 하연이, 서연이 두 딸에게 고맙다는 말을 전합니다.

마이크로소프트 엑셀 MVP 김철

: "단, 한 권으로 해결한다!"

엑셀 핵심 팁

팁 중의 팁, 독자들이 가장 많이 묻고, 가장 많이 사용하며 업무 효율이 가장 높은 팁만 엄선하여 제공

모든 버전 사용 가능

엑셀 2007~2016 버전 뿐 아니라, Office 365 환경에서도 쓸 수도록 엑셀 모든 버전 대응

예제 및 완성 파일

예제를 따라할 수 있도록 준비된 예제 파일과 결과물을 비교할 수 있는 완성 파일 제공

핵심 · 문자입력

숫자로 작성된 금액을 한글로 바꾸기

TIP 013

| 2007 | 2010 | 2013 | 2016 | Office 365 |

견적서나 거래 명세서 등을 작성할 때 합계 금액을 한글로 표기하는 경우도 많습니다. 이때 함수를 이용하지 않고 [셀 서식]을 사용해서 숫자를 한글 또는 한문으로 변경하거나 표시하는 방법을 알아보겠습니다.

⊙ 예제 파일 | 한글로_금액표기_예제.xlsx   완성 파일 | 한글로_금액표기_완성.xlsx

01 예제를 열어서 [B11] 셀을 선택하고 =SUM(Q14:V28) 수식을 입력한 후 Enter를 누릅니다.

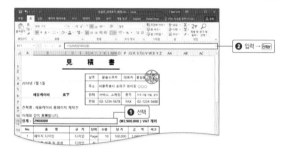

02 [B11] 셀을 선택하고 Ctrl + 1을 눌러 [셀 서식] 창을 불러옵니다. [표시 형식] 탭 – [사용자 지정] 탭 – [형식] 입력란에 [DBNum4]"일금" G/표준"원"이라는 서식을 입력하고 [확인]을 클릭합니다.

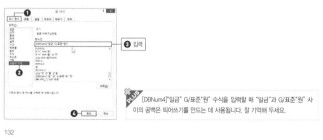

> [DBNum4]"일금" G/표준"원" 수식을 입력할 때 "일금"과 G/표준"원" 사이의 공백은 띄어쓰기를 만드는 데 사용됩니다. 잘 기억해 두세요.

기본&실무 완벽 대응

국내 최고의 엑셀 전문가, 마이크로소프트 엑셀 MVP가 실무에 꼭 필요한 팁만 엄선하여 제대로 알려줍니다. 현업에서 써 보면 무릎을 탁 치게 되는 엑셀 실무 활용 100%의 핵심 팁을 익혀보세요!

"엑셀에 대한 부담을 버려라!" :

입력된 데이터를 셀 너비에 맞추
려면 A 열의 오른쪽 경계선을 더블클
릭하고, 빈 셀에 연속된 수식으로 데
이터를 채우려면 채우기 핸들(+)을
더블클릭한다는 것은 반드시 기억하
세요.

PLUS

실습을 따라하면서 알아두면 좋은
유용한 내용 소개

05 [새 서식 규칙] 창이 나타나면 규칙 유형을 '수식을 사용하여 서식을 지정할 셀 결정'으로 선택하고 수식 입력란에 =VLOOKUP(I4,A$4:E$29,5,0)◇M4를 입력하고 [서식]을 클릭합니다.

NOTE

중·고급 사용자로 발돋움할 수 있는
실무 노트 제공

NOTE VLOOKUP 함수 간단히 알아보기

=VLOOKUP(I4,A$4:E$29,5,0)◇M4
　　　　❶　　❷ ❸❹ ❺

❶ : VLOOKUP 함수의 첫 번째 인수이며, 검색하려는 값입니다. ❷번으로 지정한 범위 중에서 첫 번째 열인 [A4:A29] 범위에서 검색합니다.

❷ : VLOOKUP 함수의 두 번째 인수이며, 검색하려는 기준 열부터 나타내려는 값이 들어있는 범위까지의 전체 범위입니다.

❸ : VLOOKUP 함수의 세 번째 인수이며, ❷번으로 지정한 범위 중에서 첫 번째 열인 [A4:A29] 범위에서 □로 지정한 검색 값을 찾아서 열 방향으로 몇 번째 열에 있는 값을 나타낼 것인지 지정합니다. 현재 5로 지정했으므로 [A4:A29] 셀 범위에서 [I4] 셀 값을 찾아서 우측으로 5번째 열인 [E4:E29] 셀 범위 중에서 값을 나타내게 됩니다.

❹ : VLOOKUP 함수의 네 번째 인수이며, 0(FALSE)으로 입력하면 ❷번으로 지정한 범위 중에서 첫 번째 열인 [A4:A29] 범위에서 ❶로 지정한 검색 값을 찾을 때 정확하게 일치하는 값을 찾게 됩니다.

❺ : VLOOKUP 함수의 결과로 찾은 값과 변경이 있는지 확인해 보려는 값입니다.

현장 밀착&검색 강화

작고 가볍지만, 실무에는 강한 엑
셀 팁북! 데이터 분석 및 관리부
터 업무 자동화까지 단숨에 익힐
수 있습니다. 또한 원하는 내용
을 단숨에 찾을 수 있는 검색 기
능으로, 엑셀의 각종 문제에 대한
해결법을 빠르게 제시하여 독자
의 시간을 아껴줍니다!

기본에 충실, 제대로 배우는 기초 탄탄 입문!

▶ **100개의 엑셀 꿀팁!** 엑셀 기본과 실무를 완벽하게 대응해 줄 수 있는 실무 팁으로 구성되어 있습니다. 각각의 팁은 인터넷에서 검색해도 쉽게 찾을 수 없는 저자만의 노하우로 업무 효율성과 작업 속도를 동시에 높여줍니다.

PART **2**

데이터 관리와 분석을 자유자재로, 중급 사용자로 도약!

PART 3

업무 효율과 생산성 향상을 위한 현장 밀착 실무 활용!

▶ **빠른 검색, 시간 절약!** 원하는 내용을 단숨에 찾을 수 있는 검색 장치를 제공합니다. 분야별 실무 키워드를 통해 현업에서 써 보면 무릎을 탁 치는 놀라운 팁을 순식간에 익힐 수 있으며, 필요할 때마다 바로 바로 찾아 쓸 수 있습니다.

QUICK

팁 중의 팁, 엑셀에 꼭 필요한 "핵심 TIP"만 모았다!

▶ 마이크로소프트 MVP인 저자가 다년간 다양한 사람들, 다양한 공간(온/오프라인)에서 강의한 데이터를 집계하여
① **가장 많이 묻는 질문**, ② **가장 많이 사용하는 기능**, ③ **가장 호응이 높았던 기능**만 모아 핵심 팁으로 구성하였습니다.
팁 중의 팁, 핵심 팁만 알아도 **엑셀을 사용하는 환경이라면, 언제, 어디서든** 유용하게 써 먹을 수 있습니다!

엑셀의 고급 사용자가 되려면 반드시 짚고 넘어가야 할, 아니 알고 있어야 할 자료들로만 준비했습니다. 환경 설정부터 키 조작, 시트 조작까지 업무 효율을 높이고 생산성을 높일 수 있도록 기초를 탄탄히 다지는 시간이 될 것입니다.

잊지 마세요! 기초를 잘다지면 엑셀만큼 발전 속도가 빠른 프로그램도 드물다는 것을…….

기본에 충실,
제대로 배우는
기초 탄탄 입문!

숫자로 변경된 열 번호를
알파벳으로 수정하기

2007	2010	2013	2016	Office 365

알파벳으로 되어 있던 열 번호가 갑자기 숫자로 변경되는 경우가 있습니다. 이때 숫자로 변경된 열 번호를 다시 알파벳으로 변경하는 환경 설정 방법을 알아보겠습니다.

● **예제 파일** | 빈 화면에서 시작하세요!

01 다음 그림을 보면 A, B, C, D로 되어 있어야 할 열 번호가 숫자로 변경되어 있습니다. 이렇게 되면 셀 주소도 [이름 상자]와 같이 R1C1으로 변경됩니다. 이때 숫자 열 번호를 다시 알파벳 열 번호로 변경하려면 [파일] 탭 – [옵션]을 클릭합니다.

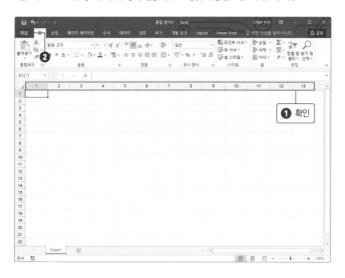

02 [Excel 옵션] 창 왼쪽의 [수식] 탭을 선택합니다. 그런 다음 [수식 작업]에서 첫 번째 항목인 [R1C1 참조 스타일]에 체크되어 있으면 알파벳이 숫자로 변경됩니다. 그러므로 해당 옵션의 체크를 지우고 [확인]을 클릭합니다.

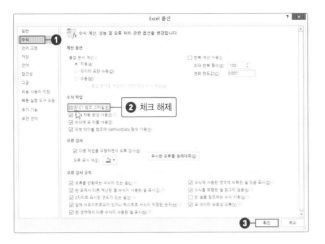

03 셀 편집 화면으로 돌아오면 열 번호가 알파벳으로 변경된 것을 확인할 수 있습니다.

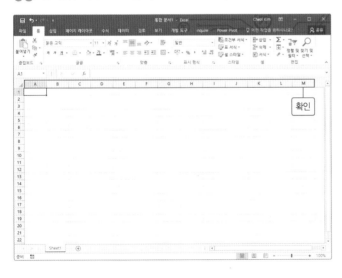

리본 메뉴에 [개발 도구] 탭 나타내기

▶ 2007	2010	2013	2016	Office 365

리본 메뉴의 마지막에 나타나는 [개발 도구]는 VBA 매크로 기록기나 컨트롤을 활용할 때 사용하는 메뉴입니다. 하지만 엑셀을 처음 실행하면 메뉴로 나타나지 않습니다. [개발 도구] 탭을 나타내는 옵션 설정 방법을 알아보겠습니다.

💿 **예제 파일** | 빈 화면에서 시작하세요!

01 엑셀을 실행한 후 [파일] 탭 - [옵션]을 선택합니다.

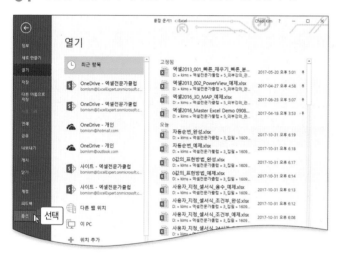

02 [Excel 옵션] 창의 [리본 사용자 지정]을 선택합니다. 오른쪽에 있는 [리본 메뉴 사용자 지정(B)]의 아래쪽 항목 중에서 [개발 도구] 항목을 체크한 뒤 [확인] 버튼을 클릭합니다.

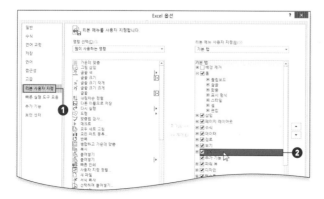

03 리본 메뉴의 오른쪽 마지막에 [개발 도구] 탭이 나타난 것을 확인할 수 있습니다.

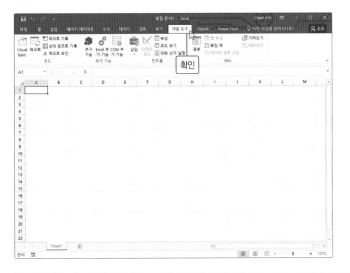

연속 설정
문자 입력
빠른 설정
표시 서식
수식 입력
키 조작
표 기능
이동 및 찾기
시각화
기타

NOTE 📝 **2007 버전에서 [개발 도구] 탭 표시하기**

2007 버전은 [오피스 단추] – [Excel 옵션]을 실행해야 [Excel 옵션] 창이 나타납니다. 여기에서 [기본 설정] 탭의 오른쪽에 [리본 메뉴에 개발 도구 탭 표시]를 체크하면 [개발 도구] 탭이 나타납니다.

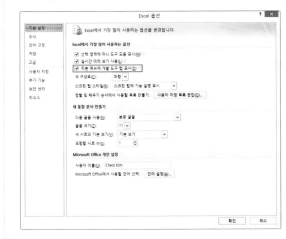

직급 순서에 따라 데이터 정렬하기

| 2007 | 2010 | 2013 | 2016 | Office 365 |

엑셀 데이터를 정렬할 때 오름차순이나 내림차순이 아닌 사용자가 지정한 순서대로 정렬하는 방법을 알아보겠습니다.

◉ **예제 파일** | 사용자_지정_정렬_예제.xlsx **완성 파일** | 사용자_지정_정렬_완성.xlsx

01 예제 파일을 열고 [파일] 탭 - [옵션]을 선택합니다.

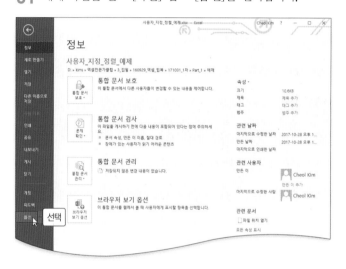

02 [고급] 탭을 선택하고 스크롤바를 마지막까지 내리면 [사용자 지정 목록 편집] 버튼이 나타납니다. 해당 버튼을 클릭합니다.

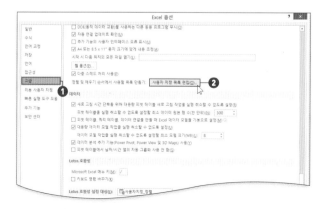

03 [사용자 지정 목록] 창을 불러오면 왼쪽에 [사용자 지정 목록]이 나타납니다. [사용자 지정 목록]에는 미리 만들어둔 기본적인 목록들이 들어 있습니다. [새 목록]이 선택된 상태에서 오른쪽의 [목록 항목] 란에 정렬하고 싶은 순서대로 항목을 입력합니다. 직급별로 항목을 작성하고 Enter를 누르면서 필요한 항목을 모두 입력합니다. 사용자가 정렬하고 싶은 모든 직급을 입력했으면 오른쪽의 [추가]를 클릭한 후 [확인]을 클릭합니다.

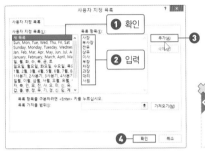

PLUS 항목을 작성할 때 Enter를 눌러 아래쪽으로 입력해도 되지만 '사장, 부사장, 전무' 등과 같이 직급별로 콤마(,)를 넣어서 입력해도 구분할 수 있습니다.

04 시트에 작성된 데이터 중에서 임의의 셀을 선택하고 [데이터] 탭 – [정렬 및 필터] 그룹 – [정렬]을 실행합니다.

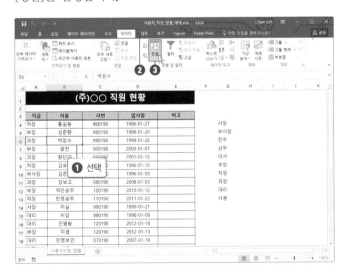

05 [정렬] 창에서 열 항목의 정렬 기준은 [직급]을 선택하고 정렬 항목의 정렬 기준은 [사용자 지정 목록]을 선택합니다.

> **PLUS** [정렬] 창에서 [내 데이터에 머리글 표시]가 체크되어 있기 때문에 열 항목의 정렬 기준을 클릭했을 때 시트의 머리글이 항목으로 나타나는 것입니다.

06 [사용자 지정 목록] 창이 나타나면 [사용자 지정 목록]에 이미 입력해 둔 정렬 방법을 선택하고 [확인]을 클릭합니다.

07 [정렬] 창의 [확인]을 눌러서 정렬을 실행합니다. 시트에서 사용자가 지정한 정렬 방법대로 직급별로 정렬됩니다.

선택한 셀의 통계량 간편하게 확인하기

> 2007   > 2010   > 2013   > 2016   > Office 365

집계된 자료의 데이터를 임의로 선택해서 선택한 데이터의 기초 통계량을 빠르게 뽑아 보려고 할 때가 많습니다. 이때 선택한 셀의 기초 통계량을 간단하게 확인하는 설정 방법을 알아보겠습니다.

◎ **예제 파일** | 선택셀의_통계량_나타내기_예제.xlsx   **완성 파일** | 선택셀의_통계량_나타내기_완성.xlsx

01 예제를 열고 [B6:G10] 셀까지 데이터 범위를 선택합니다. 아래쪽의 상태 표시줄을 보면 선택한 범위의 평균, 개수, 합계 등 기초 통계량이 나타나는 것을 확인할 수 있습니다.

02 이때 최대값, 최소값도 추가로 나타내려면 일단 상태 표시줄을 마우스 오른쪽 버튼으로 클릭합니다. [상태 표시줄 사용자 지정] 옵션이 나타나면 [최대값], [최소값]을 각각 클릭해서 선택합니다.

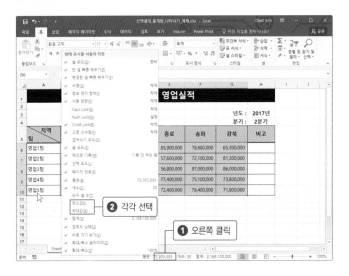

03 상태 표시줄을 확인해 보면 선택한 데이터 범위의 통계량에 최대값과 최소값이 추가된 것을 확인할 수 있습니다.

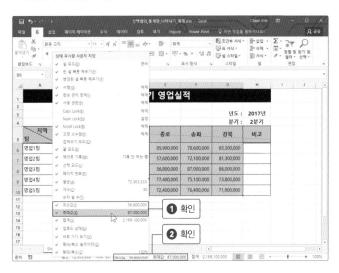

데이터 중에서 빈 셀이 포함된 행 삭제하기

TIP 005

2007	2010	2013	2016	Office 365

데이터 중에서 빈 셀이 포함된 행 전체를 삭제하거나 빈 셀을 한 쪽 방향으로 삭제해서 불필요한 데이터의 용량을 줄이거나 최적화시키는 방법을 알아보겠습니다.

● **예제 파일** | 빈행_빈열_삭제_예제.xlsx   **완성 파일** | 빈행_빈열_삭제_완성.xlsx

01 예제 파일을 불러오면 빈 셀과 빈 셀이 아닌 범위를 포함하고 있는 D 열을 볼 수 있습니다. [D4] 셀부터 마지막 셀인 [D55] 셀까지를 모두 선택합니다.

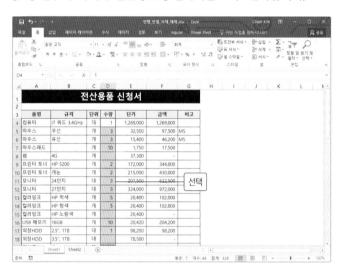

NOTE ✏️ **여러 셀을 선택하는 다양한 방법 알아보기!**

❶ 선택하려는 영역의 첫 번째 셀을 선택한 후 마지막 셀까지 드래그해서 원하는 영역까지 선택합니다.

❷ 선택하려는 영역의 첫 번째 셀을 선택한 후 Ctrl + Shift + ↓를 누르면 데이터가 들어 있는 모든 셀을 선택할 수 있습니다. 하지만 중간에 빈 셀이 있을 때는 아래쪽 화살표를 여러 번 눌러서 선택해야 합니다.

❸ 선택하려는 영역의 첫 번째 셀을 선택한 후 이름상자에 마지막 셀 주소를 입력하고 Shift + Enter를 눌러 선택합니다.

02 [홈] 탭 – [편집] 그룹 – [찾기 및 선택] – [이동]을 선택해서 [이동] 창을 실행합니다.

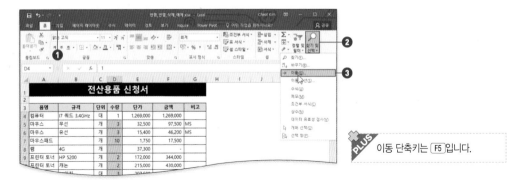

PLUS 이동 단축키는 F5 입니다.

03 [이동] 창이 나타나면 왼쪽 아래의 [옵션]을 클릭해서 [이동 옵션] 창을 불러옵니다. 선택한 범위 중에서 빈 셀만 골라내야 하므로 [빈 셀]을 선택하고 [확인]을 클릭합니다.

04 선택한 범위에서 빈 셀만 골라낸 것을 확인할 수 있습니다. 이때 선택된 빈 셀 중 하나를 마우스 오른쪽 버튼으로 클릭해서 [삭제]를 선택합니다.

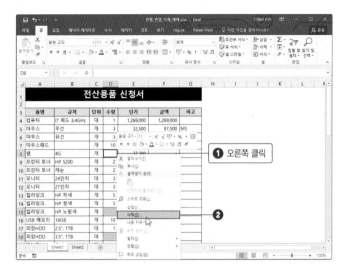

05 나타난 [삭제] 창에서 [행 전체]를 선택한 후 [확인]을 클릭합니다. 그러면 선택했던 D 열의 범위 중에서 빈 셀이 들어 있던 모든 행은 삭제됩니다.

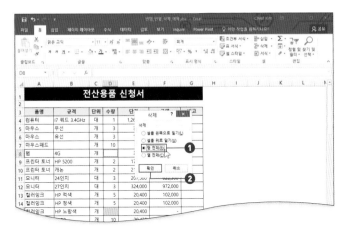

06 세로형 데이터가 아닌 가로형 데이터의 경우도 살펴보겠습니다. [Sheet2] 시트에서 [E5:N13] 셀을 선택하고 F5를 누릅니다. [이동] 창이 나타나면 [옵션]을 클릭합니다.

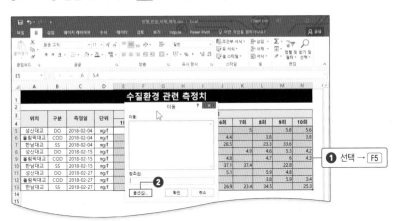

07 [이동 옵션] 창의 [빈 셀]을 선택하고 [확인]을 클릭합니다.

문자열 입력

빠른 설정

셀 서식

수식 입력

키 조작

표 기능

이동 및 찾기

시각화

기타

08 선택된 빈 셀 중에서 임의로 하나를 정한 다음 마우스 오른쪽 버튼으로 클릭해서 [삭제]를 선택합니다.

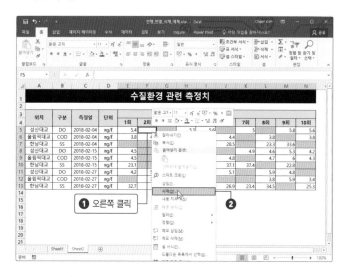

09 [삭제] 창에서 [셀을 왼쪽으로 밀기]를 선택하고 [확인]을 클릭합니다. 그러면 다음 화면처럼 빈 셀이 모두 왼쪽으로 밀려 사라지고 데이터만 남게 됩니다.

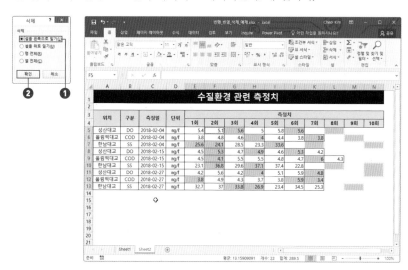

그룹별 자세히 버튼으로
옵션 쉽게 설정하기

2007	2010	2013	2016	Office 365

리본 메뉴의 그룹별 기능과 관련된 다양한 옵션을 손쉽게 확인하는 방법이 있습니다. 각 그룹의 오른쪽 아래에 있는 자세히 버튼을 클릭하면 옵션 창을 불러올 수 있습니다. 이렇게 옵션을 수정하는 간단한 방법에 대해서 [페이지 설정] 창을 예로 알아보겠습니다.

● **예제 파일** | 자세히_버튼_예제.xlsx   **완성 파일** | 자세히_버튼_완성.xlsx

01 예제 파일은 월별, 연령대별 매출 현황이 작성된 보고서입니다. 이 보고서를 출력하기 전에 다양한 출력 옵션을 확인해 보겠습니다.

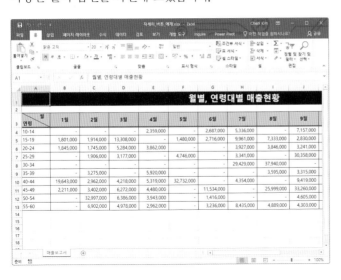

02 [파일] 탭 – [인쇄]를 선택하면 해당 보고서의 미리보기를 확인할 수 있습니다. 가로 방향으로 작성된 보고서라서 용지 방향을 가로로 수정해야 합니다. 이런 경우 [페이지 설정] 창에서 한 번에 관련 옵션을 수정해 보겠습니다.

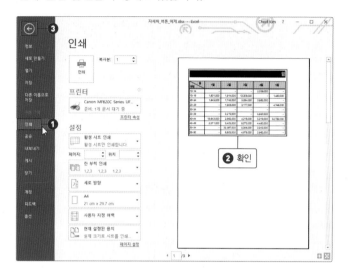

03 시트로 돌아와서 [페이지 레이아웃] 탭 – [페이지 설정] 그룹의 오른쪽 아래에 있는 [자세히] 버튼(▣)을 클릭합니다.

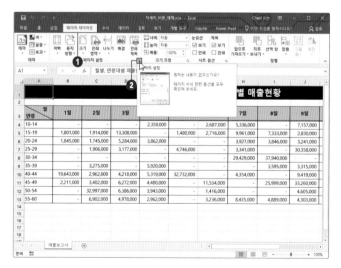

PLUS [자세히] 버튼(▣)은 모든 그룹에 있는 것은 아닙니다. [자세히] 버튼이 있는 그룹에서 클릭하면 해당 그룹의 모든 옵션을 손쉽게 확인하고 수정할 수 있습니다.

04 [페이지 설정] 창이 나타나면 [페이지] 탭에서 용지 방향을 [가로]로 체크합니다. 그리고 페이지 비율은 [자동 맞춤]에 체크하고 [확인]을 클릭합니다.

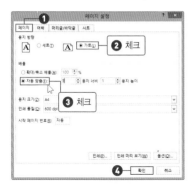

05 [파일] 탭 – [인쇄]를 다시 선택하면 용지 방향이 가로로 바뀐 것을 미리보기로 확인할 수 있습니다.

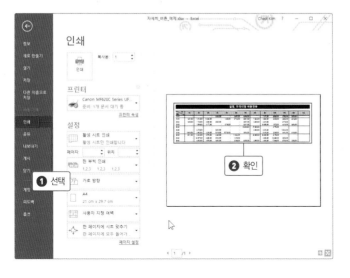

자주 사용하는 문자 등록하기

| 2007 | 2010 | 2013 | 2016 | Office 365 |

데이터를 입력할 때 자주 사용하는 텍스트(회사 이름 등)를 손쉽고 빠르게 입력하는 방법을 알아보겠습니다.

● **예제 파일** | 빈 화면에서 시작하세요!

01 엑셀을 실행한 다음 [파일] 탭 – [옵션]을 선택합니다.

02 [Excel 옵션] 창에서 [언어 교정] 탭을 선택하고 [자동 고침 옵션]을 클릭합니다.

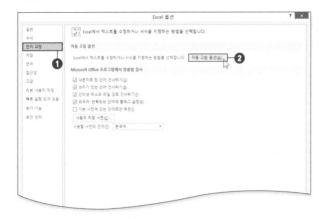

03 [자동 고침] 창에서 [입력] 란에 '==ㅇ'을 입력하고 [결과] 란에는 '엑셀'을 입력한 뒤 [추가]를 클릭하고 [확인]을 클릭합니다.

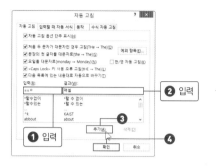

04 [Excel 옵션] 창도 [확인]을 클릭해서 닫습니다. 시트로 돌아와서 임의의 셀에 등록된 입력 방법인 '==ㅇ'를 입력하고 Enter 를 누릅니다.

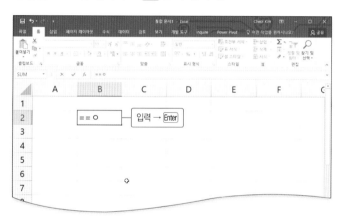

05 입력한 '==ㅇ' 값이 자동으로 '엑셀'로 변경된 것을 확인할 수 있습니다.

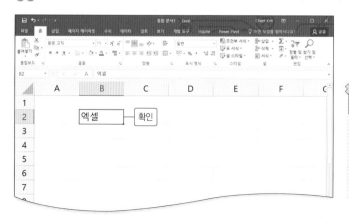

PLUS 자주 사용되는 단어는 자동 고침 옵션으로 설정하지 마세요. 예를 들어, '대한'이라고 입력했을 때 '대한민국'으로 나타내도록 설정하면 '대한문'이란 단어를 입력했을 때 '대한민국문'으로 변경되기 때문입니다.

옵션 설정

자동 채우기

메뉴 설정

셀 서식

수식 입력

키 조작

표 기능

이동 및 찾기

시간 절약

기타

보고서의 열 너비를 조정해서
하나의 화면에 나타내기

TIP

008

| 2007 | 2010 | 2013 | 2016 | Office 365 |

보고서를 작성할 때 각각의 구분 항목으로 입력한 글자가 길어서 한 화면에서 확인되지 않는 경우가 있습니다. 이런 경우, 글씨 크기를 줄이지 않고 한 화면에 보고서를 나타낼 수 있는 방법이 [셀 서식]을 활용하는 것입니다. [셀 서식] 창을 활용해서 보고서의 열 너비를 어떻게 조정하는지 알아보겠습니다.

🔘 **예제 파일** | 보고서_열 너비_조정_예제.xlsx **완성 파일** | 보고서_열 너비_조정_완성.xlsx

01 예제를 열고 열 너비를 조정할 [B3:H3] 셀을 선택한 다음 오른쪽 버튼을 클릭해서 [셀 서식]을 클릭합니다.

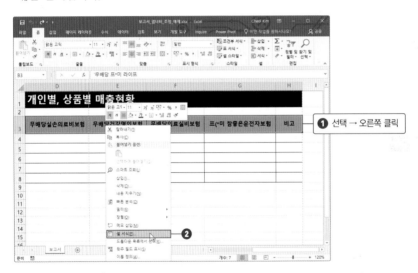

02 [맞춤] 탭의 [방향] 입력란에 '60'을 입력해서 텍스트 입력 방향을 수정하고 [확인]을 클릭합니다.

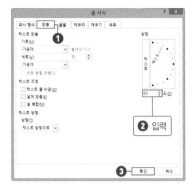

03 상품 항목이 입력된 셀 안쪽 텍스트가 60도 회전되면서 셀의 형태도 변경되었습니다. 해당 열의 너비를 자동으로 줄이기 위해서 B 열부터 H 열까지 모두 선택한 다음 선택한 열들의 경계선을 더블클릭합니다.

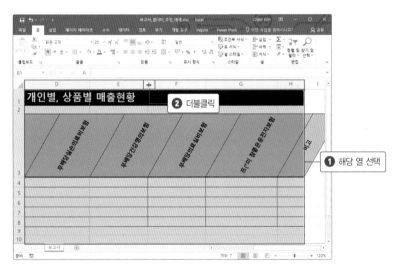

04 열 너비가 자동으로 조정되어서 한 화면에 출력할 수 있는 형태가 되었습니다.

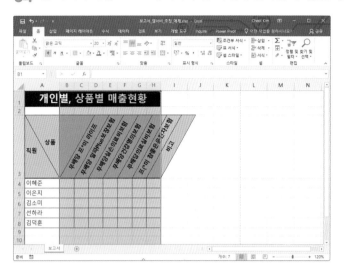

05 이때 열 너비가 너무 좁다면 B 열부터 H 열까지 다시 선택하고 열과 열 사이의 경계선을 드래그해서 적당한 너비로 조절합니다.

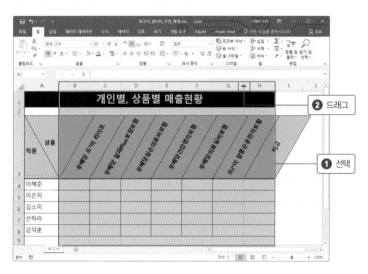

행/열 삽입을 못하도록
보고서 양식 간단히 보호하기

| 2007 | 2010 | 2013 | 2016 | Office 365 |

보고서를 작성하면서 다른 사람이 해당 양식에 행이나 열을 추가하지 못하게 할 때 현업에서 종종 사용하는 방법이 있습니다. 별도로 시트를 보호하지 않고도 해당 양식에 행이나 열을 추가하지 못하게 하는 간단한 방법을 알아보겠습니다.

⊙ 예제 파일 | 서식_변경못하게_하기_예제.xlsx 완성 파일 | 서식_변경못하게_하기_완성.xlsx

01 예제 파일을 열어 보면 연령대별로 발생한 월별 매출의 변화를 분석하는 양식지입니다. 이 양식에 더 이상 행이나 열을 추가하지 못하게 만들려고 합니다.

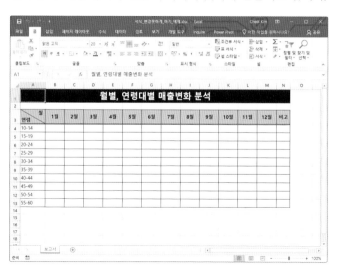

02 [Ctrl]을 누른 채로 오른쪽 화살표(→)를 누르고 다시 아래쪽 화살표(↓)를 누릅니다. 그럼 시트의 마지막 셀인 [XFD1048576] 셀로 커서가 이동됩니다. 이때 스페이스 바를 한 번 누르고 [Enter]를 누릅니다. 그럼 화면에는 보이지 않지만 해당 셀에 '스페이스'라는 문자 데이터가 입력됩니다.

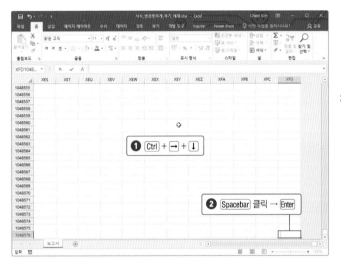

PLUS 스페이스 바를 한 번 누르고 [Enter]를 눌러 보이지 않는 '스페이스' 문자 데이터를 입력하지 않고 일반 텍스트를 입력해도 같은 오류 메시지가 보입니다. 하지만 보이지 않는 문자 데이터를 넣지 않고 누구나 확인할 수 있는 일반 데이터를 넣으면 쉽게 삭제할 수 있으니 꼭 보이지 않는 문자를 삽입하세요.

03 [Ctrl] + [Home]을 눌러 [A1] 셀로 이동한 다음 6 행 아래에 행을 하나 추가해 보겠습니다. 6 행을 마우스 오른쪽 버튼으로 클릭하고 [삽입]을 클릭합니다.

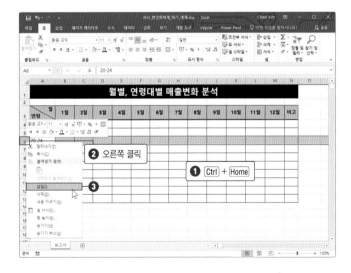

40

04 다음과 같은 오류 메시지가 나타납니다. 시트의 마지막 셀에 '스페이스'라는 문자 데이터가 입력되어 있기 때문에 워크시트 밖으로 데이터를 옮길 수 없다는 내용입니다.

05 열을 추가하고 삽입을 하면 마찬가지 아래와 같이 열을 추가하지 못한다는 메시지를 확인할 수 있습니다.

[Ctrl] + [End]를 눌러서 마지막 셀로 이동한 다음 [Delete]를 눌러서 셀에 입력된 데이터를 삭제하면 다시 행을 삽입할 수 있습니다.

옵션 설정

빠른 서식

빠른 설정

셀 서식

수식 입력

키조작

표 기능

이동 및 찾기

시각화

기타

드롭다운 목록을 만들어서
데이터를 쉽게 추가하기

TIP
010

| ▶ 2007 | ▶ 2010 | ▶ 2013 | ▶ 2016 | ▶ Office 365 |

누적해서 입력한 데이터베이스에 데이터를 추가할 때 입력했던 자료와 같은 내용을 추가하는 경우가 있습니다. 이때 입력했던 자료를 골라서 손쉽게 입력하는 방법이 있습니다. 연결된 데이터 행에서 빠르고 쉽게 데이터를 추가하는 방법을 알아보겠습니다.

🔵 **예제 파일** | 손쉬운_데이터_입력_예제.xlsx　　**완성 파일** | 손쉬운_데이터_입력_완성.xlsx

01 예제는 개인별, 지역별 매출액이 입력된 엑셀 데이터베이스입니다. 여기에 데이터를 추가하려면 마지막에 입력된 데이터 아래쪽에 추가해야 합니다. [A2] 셀을 선택하고 Ctrl + ↓를 눌러 마지막 셀로 이동합니다.

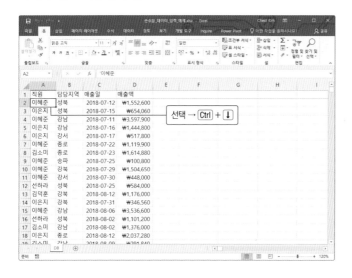

02 데이터가 채워져 있는 [A585] 셀로 이동됩니다. 데이터를 추가로 입력할 [A586] 셀을 선택하고 마우스 오른쪽 버튼을 클릭해서 [드롭다운 목록에서 선택]을 클릭합니다.

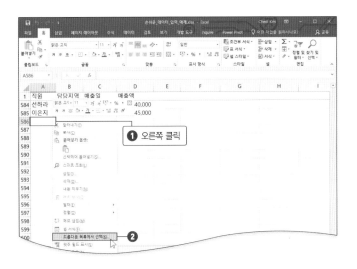

03 해당 열의 머리글을 제외한 데이터 중에서 고유한 값이 목록으로 나타납니다.

04 '이은지'라는 데이터를 입력하기 위해 해당 값을 선택하면 간단히 입력됩니다.

> **PLUS** [드롭다운 목록에서 선택] 단축키는 Alt + ↓입니다. 이 기능은 문자 속성의 데이터만 지원합니다. [A586] 셀을 선택하고 Alt + ↓를 누르면 해당 열에 입력된 고유한 값이 목록으로 나열됩니다. 하지만 [D586] 셀을 선택하고 Alt + ↓를 누르면 아무 것도 나타나지 않습니다. 머리글을 제외한 D 열의 데이터는 모두 숫자이기 때문입니다.

업신 설정

핵심 설정

셀 서식

수식 입력

기초자

표 기능

이동 맞 찾기

시각화

기타

하나의 셀에 다중 행을 입력하는 대각선 긋기

2007	2010	2013	2016	Office 365

보고서 양식을 작성할 때 계열을 구분하는 기준 셀에 다중 행으로 데이터를 입력하고 대각선을 긋는 경우가 있습니다. 이번에는 다중 행 데이터 입력과 대각선 괘선 설정을 알아보겠습니다.

⊙ 예제 파일 | 한셀_다중행_입력_예제.xlsx **완성 파일** | 한셀_다중행_입력_완성.xlsx

01 예제에서 [A3] 셀에 대각선을 긋고 '지역'과 '직원'을 입력해 보겠습니다. 먼저 [A3] 셀을 선택하고 스페이스바를 몇 번 눌러서 커서를 오른쪽으로 적당히 옮긴 뒤 '지역'을 입력합니다. Alt + Enter 를 누르면 하나의 셀 안에서 다음 행으로 이동됩니다. 이때 '직원'을 입력하고 Enter 를 누릅니다.

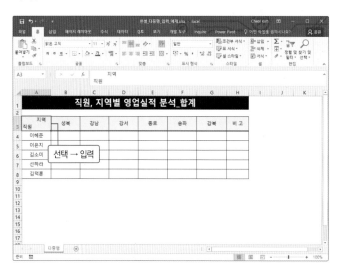

02 [A3] 셀을 다시 선택하고 [Ctrl] + [1]을 눌러 [셀 서식]을 실행합니다. [셀 서식] 창의 [테두리]
탭에서 오른쪽 아래의 대각선 테두리를 선택하고 [확인]을 클릭합니다.

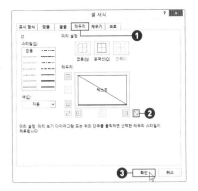

03 [A3] 셀은 하나의 셀로 되어있지만 다중 행으로 데이터가 입력됩니다.

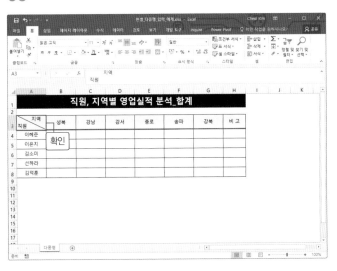

한영 변환, 메일 주소, 전각 반각 문자의 변환

TIP 012

| 2007 | 2010 | 2013 | 2016 | Office 365 |

데이터를 입력할 때 영문이 한글로 변환되거나 e-mail 주소 등이 하이퍼링크로 지정되어 불편함을 겪었던 기억이 몇 번은 있을 것입니다. 입력하는 데이터를 텍스트 그대로 입력되도록 하거나 전각, 반각 문자 입력을 변환하는 방법에 대해 알아보겠습니다.

◎ 예제 파일 | 빈 화면에서 시작하세요!

01 엑셀을 실행한 후 영문 입력 상태로 '우리나라'를 입력하고 Enter를 누르면 한글로 자동 변경되는 것을 볼 수 있습니다. 하지만 입력한 내용이 그대로 표현되어야 할 때도 많습니다.

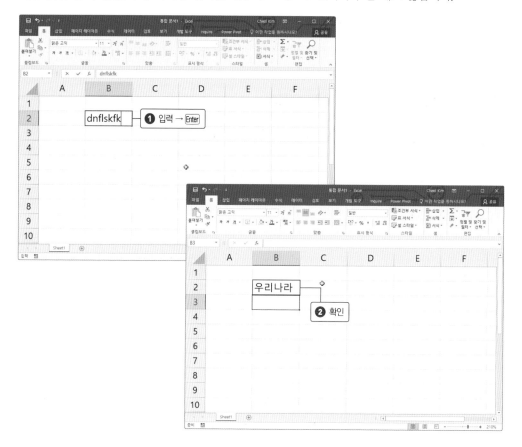

02 이런 경우, 환경 설정에서 입력한 텍스트가 한글로 자동 변환되지 않도록 하는 방법을 알아보겠습니다. [파일] 탭 – [옵션]을 실행합니다.

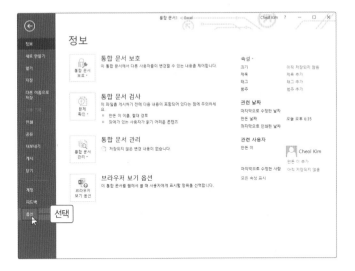

03 [Excel 옵션] 창의 [언어 교정] 탭을 선택하고 오른쪽의 [자동 고침 옵션]을 클릭합니다.

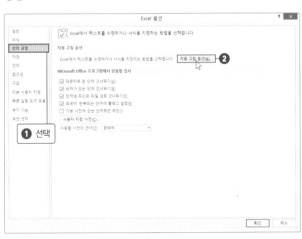

옵션 설정

문자 입력

빠른 설정

셀 서식

수식 입력

키 조작

표 기능

이동 및 찾기

시각화

기타

04 [자동 고침] 창에서 [한/영 자동 고침]의 체크를 지우고 [확인]을 클릭합니다. [Excel 옵션] 창의 [확인]을 클릭해서 편집하던 시트로 돌아갑니다.

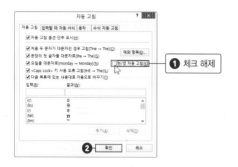

05 이전처럼 영문 입력 상태에서 '우리나라'를 입력하고 Enter를 누르면 한글로 자동 변경되지 않고 원래 입력한 텍스트가 그대로 나타납니다.

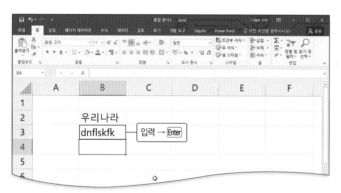

06 이번엔 메일 주소나 URL 주소 입력에 대한 내용을 알아보겠습니다. [B4] 셀을 선택하고 메일 주소를 입력한 후 Enter를 누릅니다. 입력한 메일 주소가 파란색 하이퍼링크로 변경됩니다.

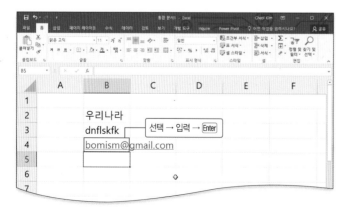

07 하이퍼링크로 입력되지 않고 텍스트만 입력되게 만들겠습니다. [파일] 탭 – [옵션]을 실행하고 [Excel 옵션] 창의 [언어 교정] 탭을 선택하고 오른쪽의 [자동 고침 옵션]을 클릭합니다.

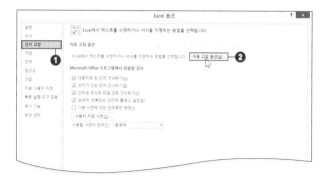

08 [입력할 때 자동 서식] 탭에서 [인터넷과 네트워크 경로를 하이퍼링크로 설정]의 체크를 지우고 [확인]을 클릭합니다.

09 시트로 돌아와 메일 주소를 다시 입력하면 더 이상 하이퍼링크로 변경되지 않습니다.

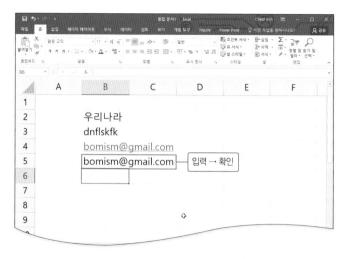

10 다음은 전각, 반각 문자와 관련된 내용입니다. 다음 그림처럼 데이터를 입력했을 때 가끔 전각 문자로 나타날 때가 있습니다. 이때는 [Alt] + [=]를 약 2초 정도 누르고 있으면 다시 반각 문자로 입력할 수 있습니다.

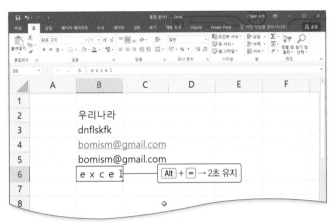

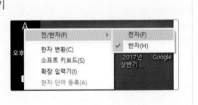

PLUS 영문, 숫자, 기호 등은 반각 문자이고 한글, 한자, 특수 문자는 전각 문자입니다.

NOTE 📝 윈도우에서 전각 문자(전자)와 반각 문자(반자) 변경해보기

윈도우 상태 표시줄에 있는 [한/영 전환(A)] 버튼을 마우스 오른쪽 버튼으로 클릭한 다음 [전/반자(F)] – [전자(F)]를 선택하면 엑셀 시트에 전각 문자로 입력해 볼 수 있습니다.

11 다음과 같이 해당 단축키를 잠시 누르고 있다가 다시 입력하면 정상적으로 입력됩니다.

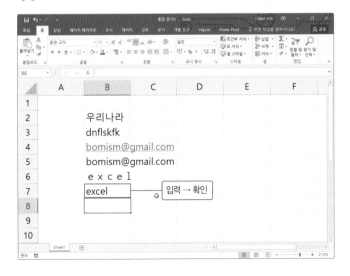

숫자로 작성된 금액을 한글로 바꾸기

| 2007 | 2010 | 2013 | 2016 | Office 365 |

견적서나 거래 명세서 등을 작성할 때 합계 금액을 한글로 표기하는 경우도 많습니다. 이때 함수를 이용하지 않고 [셀 서식]을 사용해서 숫자를 한글 또는 한문으로 변경하거나 표시하는 방법을 알아보겠습니다.

◐ 예제 파일 | 한글로_금액표기_예제.xlsx　완성 파일 | 한글로_금액표기_완성.xlsx

01 예제를 열어서 [B11] 셀을 선택하고 =SUM(Q14:V28) 수식을 입력한 후 [Enter]를 누릅니다.

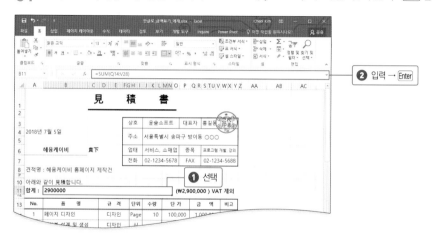

02 [B11] 셀을 선택하고 [Ctrl] + [1]을 눌러 [셀 서식] 창을 불러옵니다. [표시 형식] 탭 – [사용자 지정] 탭 – [형식] 입력란에 [DBNum4]"일금" G/표준"원"이라는 서식을 입력하고 [확인]을 클릭합니다.

PLUS　[DBNum4]"일금" G/표준"원" 수식을 입력할 때 "일금"과 G/표준"원" 사이의 공백은 띄어쓰기를 만드는 데 사용됩니다. 잘 기억해 두세요.

03 사용자 지정 셀 서식에서 수식만 추가했는데 숫자였던 합계 금액이 한글로 변환되어 나타납니다.

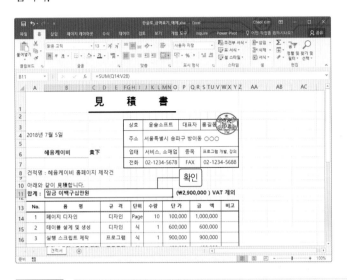

> **NOTE** 🖊️ **숫자를 한문이나 한글로 표현하는 셀 서식**
>
> 숫자를 한글로 변경하는 수식 외에도 한문으로 변경하는 방법도 있습니다. 다음 표에 숫자가 다른 문자로 변경되는
> 형태를 확인한 후 해당 셀 서식을 사용하면 됩니다.

입력 값	입력 [셀 서식]	표현 형태
123	[DBNum1]G/표준	一百二十三
123	[DBNum2]G/표준	壹百貳拾參
123	[DBNum3]G/표준	百2十3
123	[DBNum4]G/표준	일백이십삼

입력한 차트가 보이지 않을 때 다시 나타내기

| 2007 | 2010 | 2013 | 2016 | Office 365 |

시트에 차트를 넣어서 작성한 엑셀 파일을 메일로 보냈는데 차트가 없다고 다시 보내달라는 요청을 받은 경험이 종종 있을 것입니다. 시트에 들어 있는 차트나 개체를 표시하거나 표시하지 않게 만드는 환경 설정에 대해 알아보겠습니다.

예제 파일 | 개체_나타내기_예제.xlsx **완성 파일** | 개체_나타내기_완성.xlsx

01 예제 파일을 열어보면 시트에 이중 축 차트가 포함되어 있습니다. 하지만 본인이 직접 만든 차트나 개체는 본인에게는 보여도 누군가에게 전달했을 때 보이지 않는 경우도 있습니다. 이런 현상은 개체가 숨겨져 있기 때문입니다. 먼저 개체를 숨기는 방법부터 확인해 보겠습니다. [파일] 탭 – [옵션]을 실행합니다.

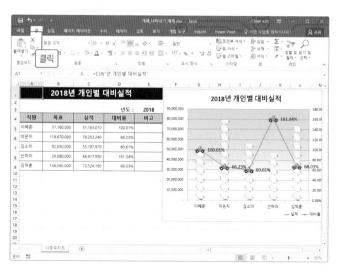

02 [Excel 옵션] 창에서 [고급] 탭을 클릭하고 2/3 정도까지 스크롤바를 내리면 [개체 표시] 항목이 보입니다. [표시 안 함(개체 숨기기)] 부분에 체크한 뒤 [확인]을 클릭합니다.

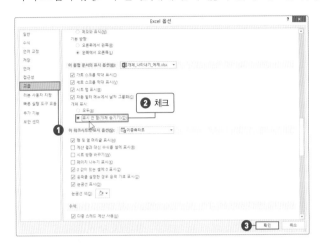

03 시트로 돌아오면 차트가 사라져 있습니다. 다시 나타내려면 [파일] 탭 - [옵션]을 실행한 후 [Excel 옵션] 창 - [고급] 탭 - [개체 표시] - [모두]에 체크한 뒤 [확인]을 클릭하면 됩니다.

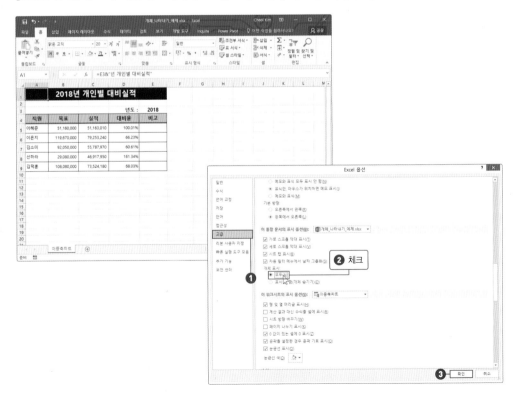

입력한 데이터에 자동으로 순번 매기기

| 2007 | 2010 | 2013 | 2016 | Office 365 |

입력한 엑셀 데이터에 순번을 넣었을 때, 나중에 필요 없는 데이터를 삭제하면 해당 순번까지 사라져서 다시 채워야 하는 불편함이 생깁니다. 이제부터는 데이터를 삭제해도 자동으로 순번이 변경되게 만드는 방법을 알아보겠습니다.

◉ **예제 파일** | 자동순번_예제.xlsx   **완성 파일** | 자동순번_완성.xlsx

01 [A4] 셀을 선택하고 =ROW()-3 수식을 입력합니다. ROW 수식에 아무런 인수도 주지 않으면 수식이 입력된 셀의 행 인덱스를 반환합니다. 수식을 입력한 셀이 [A4] 셀이므로 해당 셀의 행 인덱스인 4를 반환하게 됩니다. 이때 순번은 1번부터 나타내야 하므로 −3을 붙인 것입니다.

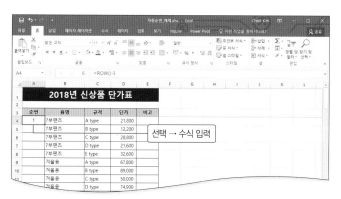

02 [A4] 셀의 오른쪽 밑에 커서를 가져가면 채우기 핸들(+)로 모양이 바뀝니다. 이때 더블클릭하면 비어있는 아래쪽 셀들에 순번이 채워집니다.

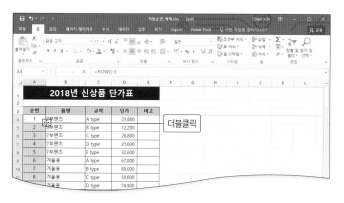

03 8행에 있는 데이터를 삭제해 보겠습니다. 8행을 마우스 오른쪽 버튼으로 클릭한 다음 [삭제]를 클릭합니다.

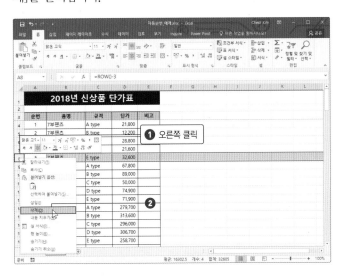

04 8행에 있던 5번 데이터가 삭제되면 아래쪽에 있던 6번이 8행으로 올라옵니다. 이때 6번이었던 순번이 5번으로 자동 변경됩니다.

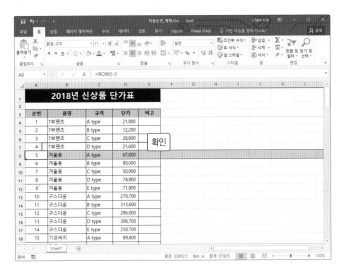

매월 말일 날짜만 입력하기

| 2007 | 2010 | 2013 | 2016 | Office 365 |

시계열 데이터 중에서 날짜를 입력할 때 매월 말일 날짜는 28일, 29일, 30일, 31일 등 다양해서 빠르게 입력하기 쉽지 않습니다. 그래서 이번에는 매월 말일 날짜만을 손쉽게 입력하는 방법을 알아보겠습니다.

⊙ 예제 파일 | 말일날짜_입력하기_예제.xlsx **완성 파일** | 말일날짜_입력하기_완성.xlsx

01 [A4] 셀을 선택하고 2018년 1월의 말일 날짜를 '2018-01-31'로 입력한 후 Enter를 누릅니다.

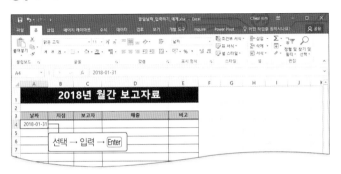

02 해당 셀을 다시 선택하고 선택한 셀 오른쪽 밑으로 커서를 옮깁니다. 채우기 핸들(+)로 커서 모양이 바뀌면 마우스 오른쪽 버튼을 클릭한 상태로 데이터가 채워질 [E15] 셀까지 범위를 선택한 뒤 마우스 버튼을 뗍니다.

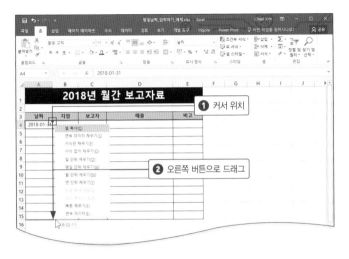

03 나타난 빠른 실행 메뉴 중에서 [월 단위 채우기]를 선택합니다.

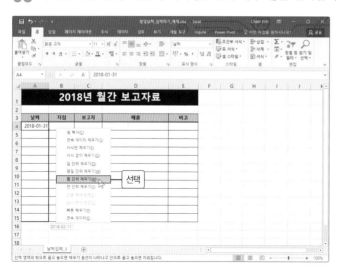

04 2018년 1월부터 12월까지 매월 말일 날짜가 자동으로 채워진 것을 확인할 수 있습니다.

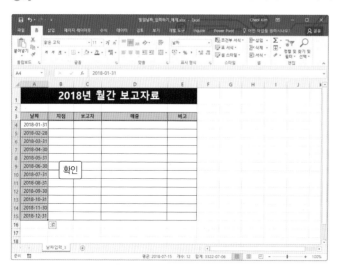

여러 시트 중에서 원하는 시트로 빠르게 이동하기

2007	2010	2013	2016	Office 365

하나의 엑셀 파일에 많은 시트를 만들어서 사용하는 건 데이터 관리 면에서 추천할 만한 사항이 아닙니다. 하지만 어쩔 수 없이 사용해야 한다면 방법은 있습니다. [시트] 탭이 너무 많아서 보이지 않는 상황에서 원하는 시트로 빠르게 이동하는 방법을 알아보겠습니다.

◉ 예제 파일 ┃ 빠른_시트이동_예제.xlsx   완성 파일 ┃ 빠른_시트이동_완성.xlsx

01 예제에는 시트가 [Sheet1]부터 [Sheet6]까지 있는데 [Sheet5] 시트로 빠르게 이동하려면 어떻게 해야 할까요? 먼저 [Sheet1] 탭의 왼쪽 부분에 있는 이동 단추 2개 중 임의의 것을 마우스로 오른쪽 버튼으로 클릭합니다.

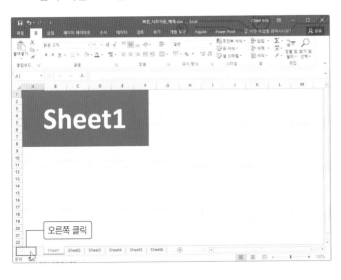

02 현재 파일에 만들어 놓은 시트 이름들이 나열된 [활성화] 창이 나타납니다. Sheet5로 이동하려면 해당 시트를 더블클릭하거나 선택한 후 [확인]을 클릭합니다.

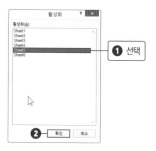

03 해당 시트로 빠르게 이동되었습니다. 이 기능은 하나의 파일에 많은 시트를 추가해서 [시트] 탭이 보이지 않을 때 매우 편리하게 사용할 수 있습니다.

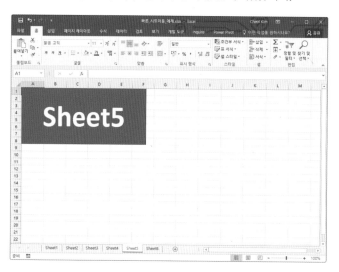

자주 쓰는 파일을 고정시켜서 빨리 열기

| 2007 | 2010 | 2013 | 2016 | Office 365 |

업무를 보면서 빈번히 열고 닫는 엑셀 파일이 보통 몇 개씩은 있을 텐데요. 매번 탐색기로 해당 파일을 찾아서 열면 불필요한 시간 소모가 많습니다. 이때 자주 열어보는 파일을 최근 열어본 항목에 고정시켜서 사용하면 빠르게 열어볼 수 있습니다.

⬤ **예제 파일** | 빈 화면에서 시작하세요!

01 [파일] 탭 – [열기]를 클릭하면 최근에 사용한 파일 항목들이 나타납니다. 이 파일 중에서 자주 사용하는 파일 위에 마우스 커서를 올리면 오른쪽 끝에 압정 모양 아이콘이 나타납니다. 옆으로 뉘여 있는 압정 모양 아이콘을 클릭해서 세웁니다.

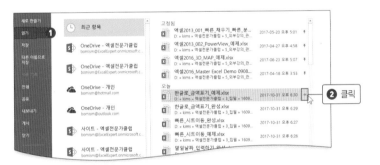

02 해당 파일이 위쪽 [고정됨] 부분으로 옮겨져 고정됩니다. 이렇게 고정된 파일은 다른 파일을 열고 닫아도 해당 위치에서 움직이지 않습니다. 그렇기 때문에 [파일] 탭 – [열기]를 클릭하면 언제든지 해당 파일을 손쉽게 열 수 있습니다.

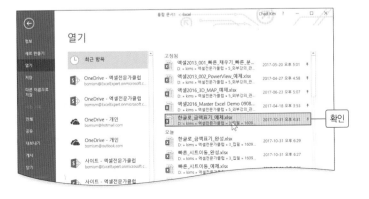

61

03 고정해 놓은 파일을 고정됨 영역에서 해제하려면 세웠던 압정 모양 아이콘을 다시 클릭해서 눕히면 됩니다.

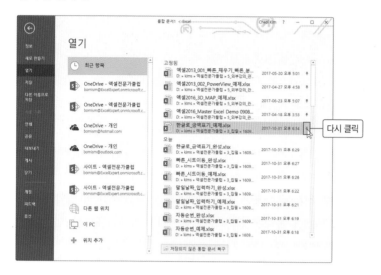

04 고정이 해제되면 파일 위치가 아래쪽으로 내려갑니다.

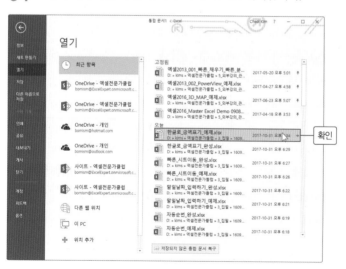

TIP
019

자주 사용하는 기능,
빠른 실행 도구로 손쉽게 관리하기

누구나 엑셀을 쓸 때 자주 사용하는 기능은 몇 개씩 있습니다. 자주 사용하는 기능을 매번 메뉴에서 찾아서 실행하면
시간도 많이 걸릴 뿐더러 업무 효율도 떨어집니다. 자주 사용하는 기능은 빠른 실행 도구로 등록해서 사용하면 효과적
입니다. 또한 단축키로 빠르게 실행하는 방법도 함께 알아보겠습니다.

◉ **예제 파일** | 빈 화면에서 시작하세요!

01 엑셀 창의 왼쪽 위에 있는 [빠른 실행 도구 모음 사용자 지정] 버튼(⬇)을 클릭한 후 [기타
명령]을 선택합니다.

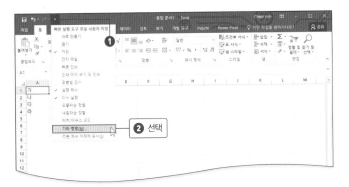

02 [Excel 옵션] 창이 나타나면 [빠른 실행 도구 모음] 탭 – [많이 사용하는 명령] – [시트 행
삽입]을 선택하고 [추가]를 클릭합니다.

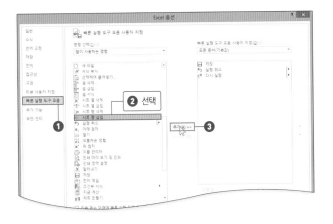

[많이 사용하는 명령] 목록에 찾는 명령이 없을 때

명령 선택(C): 바로 아래에 있는 [많이 사용하는 명령] 부분을 클릭해서 [모든 명령]을 선택합니다. 그런 다음 [시트 행 삽입]을 선택한 후 [추가]를 클릭하면 됩니다. 명령 선택(C):에는 그 외에도 매크로나 리본 메뉴에 없는 명령 등도 불러올 수 있습니다.

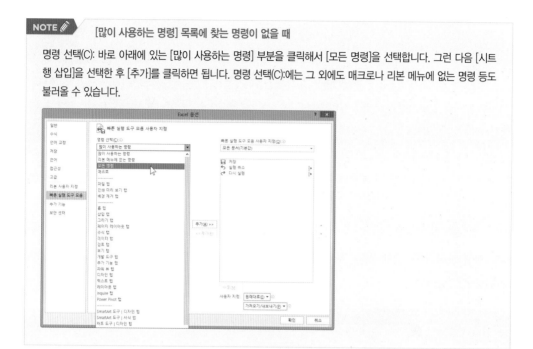

03 [빠른 실행 도구 모음]에 [시트 행 삽입]이 추가되었습니다. [A2] 셀을 선택하고 추가한 빠른 실행 도구를 클릭하면 해당 기능을 빠르게 실행할 수 있습니다.

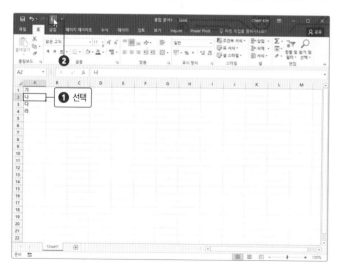

04 Alt 를 활용해서 메뉴를 선택하는 방법도 있습니다. Alt 를 누르면 [빠른 실행 도구 모음]과 리본 메뉴에 번호와 알파벳이 나타납니다. [빠른 실행 도구 모음]에는 번호만 할당되니 해당 번호를 기억해 두었다가 Alt + 번호 를 눌러 단축키로 활용하면 됩니다.

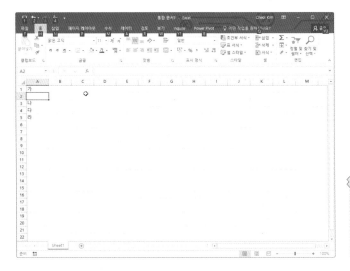

> **PLUS** [빠른 실행 도구 모음]에 자주 사용하는 기능을 추가하면 단축키를 만들어 쓰는 효과도 있으니 잘 활용해 보세요.

05 [빠른 실행 도구 모음]에 추가한 기능을 제거하려면 제거할 빠른 실행 도구를 마우스 오른쪽 버튼으로 클릭한 뒤 [빠른 실행 도구 모음에서 제거]를 선택하면 됩니다.

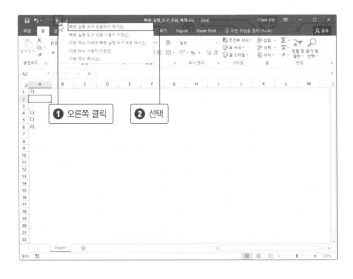

06 메뉴를 [빠른 실행 도구 모음]에 추가하는 방법도 있습니다. 추가할 메뉴를 마우스 오른쪽 버튼으로 클릭하고 [빠른 실행 도구 모음에 추가]를 선택합니다.

[빠른 실행 도구 모음 사용자 지정]을 클릭한 후 [기타 명령]을 실행합니다. [Excel 옵션] 창 오른쪽 아래에 있는 [사용자 지정:]에서 [가져오기/내보내기]를 클릭합니다. 그런 다음 목록에서 [모든 사용자 지정 항목 내보내기]을 선택합니다. [파일 저장] 창이 나타나면 원하는 폴더에 [빠른 실행 도구 모음] 설정을 저장할 수 있습니다.

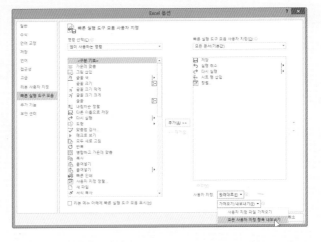

다른 PC에서 [Excel 옵션] 창을 열고 [빠른 실행 도구 모음] 범주에 있는 [사용자 지정:] – [사용자 지정 파일 가져오기]를 선택하면 저장한 파일을 불러올 수 있습니다.

이름 정의를 사용해서
빠르게 범위 선택하기

2007	2010	2013	2016	Office 365

엑셀 함수를 사용하다 보면 특정 데이터 범위를 이름으로 정의해 두고 사용하는 경우가 있습니다. 이렇게 정의해 놓은
이름 정의를 사용해서 셀 범위를 빠르게 선택하는 방법을 알아보겠습니다.

◉ **예제 파일** | 빠른_범위선택_예제.xlsx **완성 파일** | 빠른_범위선택_완성.xlsx

01 [H4] 셀을 선택하고 A 열 위쪽에 있는 [이름 상자]를 클릭합니다. 데이터 범위에서 마지막
셀 주소인 'H107'을 입력합니다.

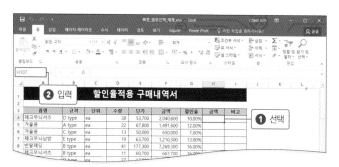

02 Shift + Enter 를 눌러 [H4] 셀부터 [H107] 셀까지의 범위를 선택합니다.

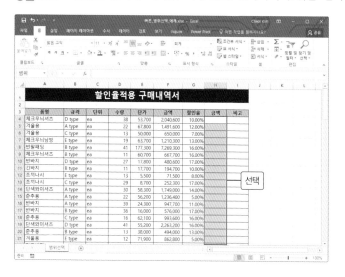

03 셀 범위가 선택되었으면 다시 [이름 상자]를 선택하고 '범위'라고 입력한 후 Enter를 누릅니다.

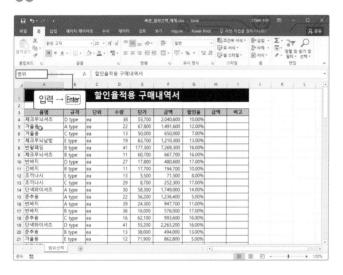

04 주변 셀을 선택해서 선택된 범위를 해제합니다. 그런 다음 '범위'라고 이름 정의한 부분을 다시 선택하려면 [이름 상자]에 '범위'를 입력하고 Enter를 누르면 됩니다.

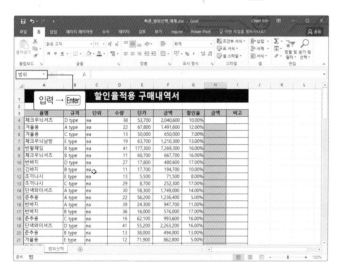

05 이름 정의는 [수식] 탭 – [정의된 이름] 그룹 – [이름 관리자]를 클릭해서 확인할 수 있습니다.

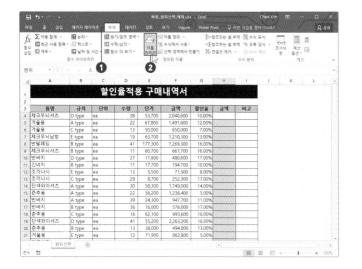

06 [이름 관리자] 창에 나타난 '범위'의 참조 대상을 보면 앞에서 설정했던 [H4] 셀부터 [H107] 셀까지의 범위인 것을 확인할 수 있습니다.

2007	2010	2013	2016	Office 365

집계할 매출 금액이 큰 경우에는 천만 단위나 백만 단위로 표시할 때가 많습니다. 이때 [사용자 지정 셀 서식]을 사용해서 손쉽게 백만 단위로 표시하는 방법을 알아보겠습니다.

◉ 예제 파일 | 사용자_지정_셀서식_단위_예제.xlsx 완성 파일 | 사용자_지정_셀서식_단위_완성.xlsx

01 [셀 서식]을 지정할 범위인 [B4:F12] 셀을 선택하고 Ctrl + 1을 누릅니다. [셀 서식] 창이 실행되면 [표시 형식] 탭의 [사용자 지정] − [형식] 입력란에 '#,##0,,'을 입력하고 [확인]을 클릭합니다.

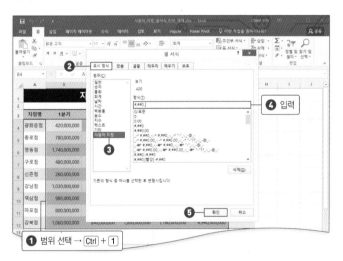

02 매출 데이터가 백만 단위로 바로 변경됩니다. 이때 [B4] 셀의 데이터를 420500000으로 수정하면 421로 반올림되어 표현됩니다. 만약 변경된 금액이 500000 미만이면 반올림되지 않습니다.

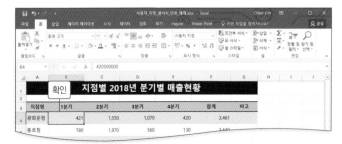

입력한 금액이 클 때 단위를 넣어 간단하게 표시하기

2007	2010	2013	2016	Office 365

매출 보고서를 작성하다보면 금액이 너무 커서 확인하기 어려울 때가 있습니다. 그래서 큰 금액을 만 단위나 억 단위로 표시하기도 합니다. 데이터 값을 변경하지 않고 단위를 변경하는 [셀 서식] 사용 방법과 [선택하여 붙여넣기]로 원하는 단위 값으로 변경하는 방법을 알아보겠습니다.

◎ **예제 파일** | 억단위_만단위_표시하기_예제.xlsx　**완성 파일** | 억단위_만단위_표시하기_완성.xlsx

01 예제 파일에서 [보고서_1] 시트의 [B5:M14] 셀 값을 억 단위로 수정하겠습니다. 먼저 [B5:M14] 셀을 선택하고 마우스 오른쪽 버튼을 클릭해서 [셀 서식]을 실행합니다.

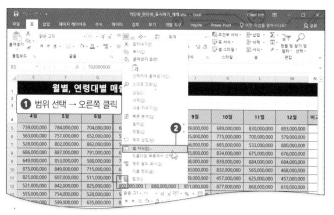

> **PLUS**
>
> [셀 서식] 단축키는 Ctrl + 1 입니다. 그리고 연결된 셀을 모두 선택할 때는 Ctrl + Shift + → 을 누른 후 Ctrl + Shift + ↓ 을 누릅니다.

02 [셀 서식] 창이 나타나면 [표시 형식] 탭 – [사용자 지정]을 선택합니다. 그리고 [형식] 입력란에 #0"."##,,를 입력하고 [확인]을 클릭합니다.

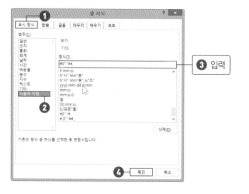

03 소수점 두 자리를 포함한 억 단위의 값으로 변경되었습니다. 데이터의 길이에 맞게 열 너비를 맞추기 위해 B 열부터 M 열까지 모두 선택한 다음 열 경계선을 더블클릭해서 열 너비를 자동 조정합니다.

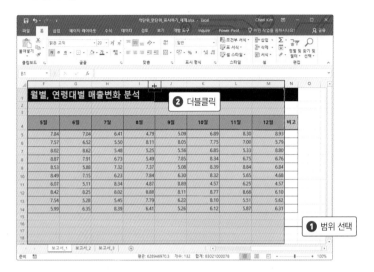

04 [B5] 셀의 값을 702,000,000에서 702,500,000으로 수정한 뒤 Enter 를 누릅니다. 값이 7.02에서 7.03으로 변경됩니다. [셀 서식]에 입력한 수식 중에서 천 단위 구분 기호로 마지막에 입력한 쉼표(,) 때문에 반올림되는 것입니다.

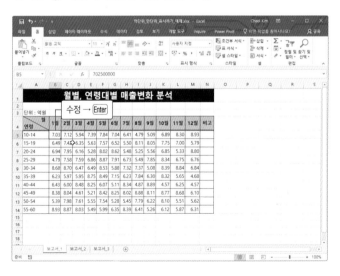

05 이번에는 [보고서_2] 시트를 선택한 후 해당 시트의 값을 만 단위로 수정하겠습니다. 먼저 [B5:M14] 셀을 선택하고 마우스 오른쪽 버튼을 클릭해서 [셀 서식]을 선택합니다.

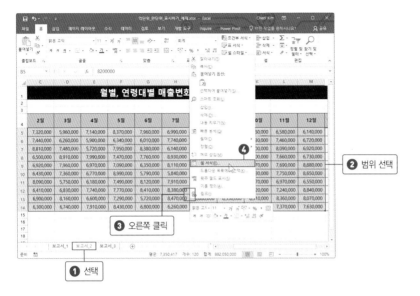

06 [셀 서식] 창이 나타나면 [표시 형식] 탭 – [사용자 지정]을 선택한 다음 [형식] 입력란에 '#0”,”#,'을 입력하고 [확인]을 클릭합니다.

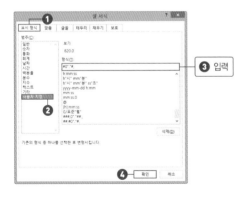

07 값이 소수점 한 자리를 포함한 만 단위로 변경되었습니다. B 열부터 M 열까지 모두 선택하고 열과 열 사이의 경계선을 더블클릭해서 열 너비를 자동 조정합니다.

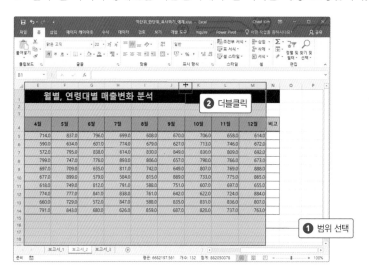

08 [보고서_3] 시트를 선택해서 만 단위로 표시하는 다른 방법을 알아보겠습니다. 먼저 비어 있는 [B16] 셀에 '10000'을 입력하고 Enter를 누른 다음 해당 셀을 복사합니다.

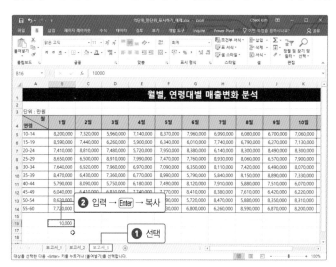

09 만 단위로 값을 변경할 [B5:M14] 셀을 선택한 다음 마우스 오른쪽 버튼을 클릭해서 [선택하여 붙여넣기]를 선택합니다.

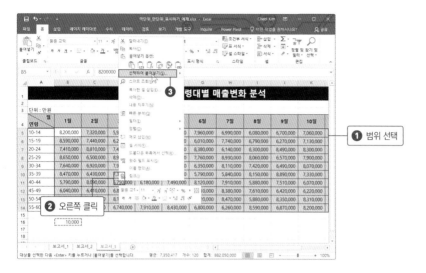

10 [선택하여 붙여넣기] 창에서 [값], [나누기]를 체크하고 [확인]을 클릭합니다.

11 복사한 값인 10000으로 나눠진 결과가 나타납니다. 마지막으로 10000을 입력했던 셀은 Delete 를 눌러 삭제합니다.

24시간을 초과한 시간까지
포함해서 계산하기

TIP
023

▷ 2007   ▷ 2010   ▷ 2013   ▷ 2016   ▷ Office 365

엑셀에서 시계열 데이터의 경과 시간 등을 표시할 때 시간은 날수만큼을 제외한 나머지 시간만 나타냅니다. 24시간을 포함한 전체 소요 시간을 나타내려면 어떻게 해야 할까요? [셀 서식]에서 서식만 설정하면 간단합니다. 함께 알아보겠습니다.

◎ **예제 파일** | 사용자_지정_셀서식_24시간_초과_예제.xlsx **완성 파일** | 사용자_지정_셀서식_24시간_초과_완성.xlsx

01 프로시저별 소요 시간을 측정하기 위해서 [E4] 셀을 선택한 다음 =D4-C4 수식을 입력하고 Enter를 누릅니다.

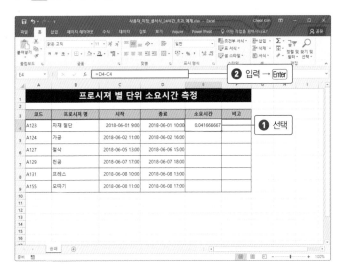

02 결과 값이 입력된 [E4] 셀의 오른쪽 밑으로 커서를 옮겨 채우기 핸들(+)로 커서가 변경되면 더블클릭해서 수식을 모두 채웁니다. 채워진 데이터는 아직 시간을 나타내는 h:mm 형태가 아닙니다. [셀 서식]을 지정하기 위해 [E4:E9] 셀을 선택하고 마우스 오른쪽 버튼으로 클릭해서 [셀 서식]을 실행합니다.

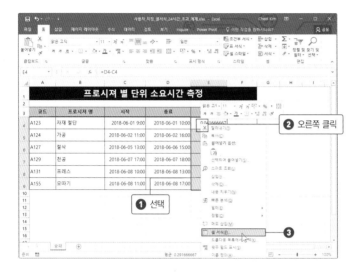

03 [셀 서식] 창의 [표시 형식] 탭 – [시간]을 누른 다음 [13:30] 형식을 선택하고 [확인]을 클릭합니다.

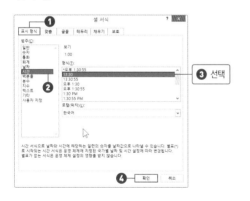

일반 설정

문자 입력

빠른 설정

셀 서식

수식 입력

기초작

표 기능

이동 및 찾기

워크시트

기타

04 시간으로 변경된 결과를 보면 1.08333333이었던 [E6] 셀의 소요 시간이 2시간으로 나타납니다. 소요 시간이 26시간으로 나타나도록 수정해야 합니다. 셀 서식을 한 번 더 수정하기 위해 [E4:E9] 셀을 선택하고 Ctrl + 1 을 눌러 [셀 서식]을 실행합니다.

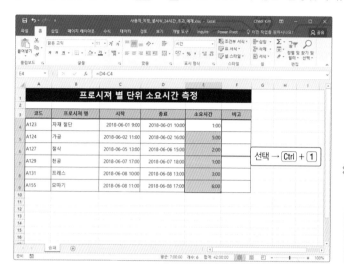

선택 → Ctrl + 1

PLUS [셀 서식]에서 [시간] 항목을 선택하면 기본적으로 24시간을 제외한 나머지 시간만 나타내기 때문에 [E6] 셀의 소요 시간이 2시간으로 나타난 것입니다.

05 [셀 서식] 창 – [표시 형식] 탭 – [사용자 지정] – [형식] 입력란에 '[h]:mm'을 입력하고 [확인]을 클릭합니다. 그러면 24시간을 초과한 시간까지 모두 계산해서 표시됩니다.

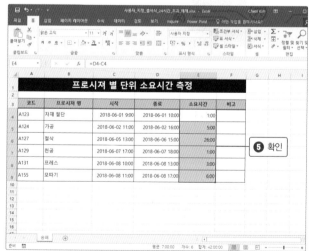

⑤ 확인

PLUS [사용자 지정 셀 서식]의 형식을 [h]:mm으로 입력했는데, 시간을 나타내는 h를 대괄호로 감싸면 24시간을 초과한 시간까지 모두 표현하게 됩니다.

값이 0인 셀은 표현하지 않기

2007	2010	2013	2016	Office 365

엑셀에 입력한 수치 데이터 중에서 0으로 입력된 데이터를 표시하지 않도록 만드는 [셀 서식]과 엑셀 옵션에 대해서 알아보겠습니다.

◉ **예제 파일** | 0값의_표현방법_예제.xlsx   **완성 파일** | 0값의_표현방법_완성.xlsx

01 예제 파일의 데이터에는 매출이 없는 달에 0이 입력되어 있습니다. 0으로 표기된 셀에 아무런 표시도 나타나지 않도록 만들기 위해 먼저 데이터 범위인 [B4:N12] 셀을 선택합니다. 그런 다음 Ctrl + 1을 눌러 [셀 서식]을 실행합니다.

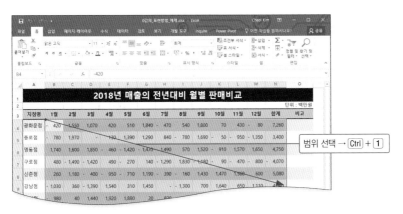

02 [셀 서식] 창에서 [사용자 지정] – [형식] 입력란에 '#,##0;–#,##0;;@'을 입력하고 [확인]을 클릭합니다.

> **PLUS** 사용자 지정 셀 서식을 작성하는 방법은 해당 셀의 값을 데이터 유형에 따라 [양수;음수;0;문자] 순서로 지정해서 입력합니다. 데이터 유형간 구분은 세미콜론(;)으로 구분합니다. 따라서 0이 입력되는 세 번째 구간을 아무 것도 입력하지 않고 세미콜론(;)으로만 처리했기 때문에 해당 셀에 0이란 데이터가 입력되면 아무것도 나타나지 않습니다.

03 0이 입력되어 있던 셀의 값은 그대로 0이지만 셀 안에는 아무런 표시도 나타나지 않습니다.

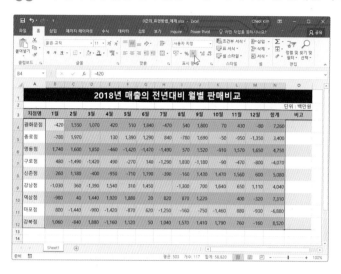

04 엑셀의 옵션 설정으로도 0 값을 표시하지 않도록 할 수 있습니다. 먼저 [파일] 탭 – [옵션]을 선택해서 [Excel 옵션] 창을 불러옵니다. [고급] 탭을 선택하고 스크롤바를 아래쪽으로 2/3정도 내리면 [이 워크시트의 표시 옵션] 부분에 [0 값이 있는 셀에 0 표시]의 체크를 지우고 [확인]을 클릭합니다.

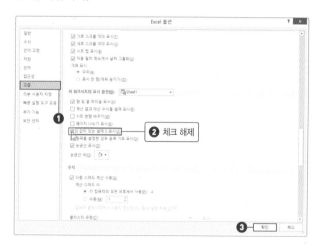

05 시트로 돌아와 데이터 범위인 [B4:N12] 셀이 선택되어 있는지 확인합니다. Ctrl + 1을 눌러 [셀 서식]을 실행하고 [표시 형식] 탭 - [일반]을 선택한 뒤 [확인]을 클릭합니다.

06 시트에서 0이 입력된 셀을 살펴보면 아무런 표시도 나타나지 않는 것을 확인할 수 있습니다.

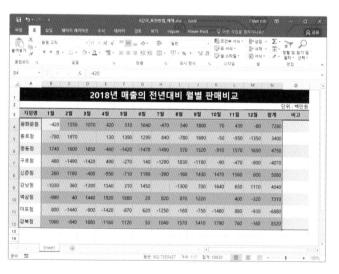

근무일지의 요일 자동 변경하기

2007	2010	2013	2016	Office 365

근무일지처럼 매번 날짜와 내용만 바꿔서 사용하는 양식이 있습니다. 그런데 매번 수정하는 것도 귀찮지만 자칫하면 오타를 내기도 합니다. 이런 번거로움을 해결할 수 있도록 날짜가 변경되면 요일이 자동으로 변경되는 [셀 서식]에 대해 알아보겠습니다.

◉ **예제 파일** | 사용자_지정_셀서식_요일표시_예제.xlsx   **완성 파일** | 사용자_지정_셀서식_요일표시_완성.xlsx

01 일일 업무 일지에 요일이 자동 변경되게 하는 날짜를 입력하려고 합니다. 날짜가 표현될 부분에 0000년 00월 00일 0요일과 같은 형태가 되도록 [G3] 셀에 '2018년 6월 20일'을 먼저 입력합니다. 날짜를 입력한 [G3] 셀을 선택하고 Ctrl + 1 을 눌러 [셀 서식]을 실행합니다.

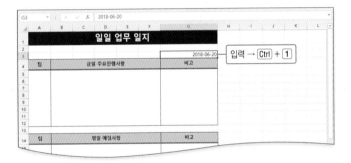

02 [셀 서식] 창이 나타나면 [표시 형식] 탭의 사용자 지정이 활성화됩니다. [형식] 입력란에 'yyyy년 mm월 dd일 aaaa'를 입력하고 [확인]을 클릭합니다.

03 [G3] 셀을 보면 입력했던 날짜 뒤에 '수요일'이라는 요일이 추가된 것을 확인할 수 있습니다.

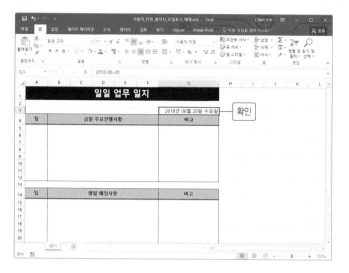

04 그렇다면 날짜를 한 번 변경해 보겠습니다. [G3] 셀을 선택하고 날짜를 '2018-06-21'로 변경하고 Enter 를 누릅니다. [G3] 셀을 확인해 보면 날짜만 변경했는데 요일이 자동으로 변경되었습니다.

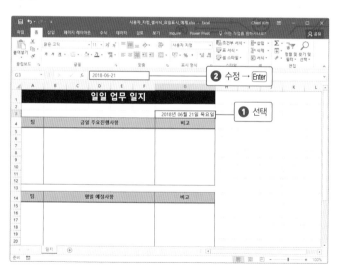

05 날짜와 요일을 영문 표기로 변경할 수도 있습니다. [G3] 셀을 선택하고 Ctrl + 1 을 눌러 [셀 서식]을 실행합니다. [표시 형식] 탭의 [사용자 지정]이 선택되어 있다면 [형식] 입력란에 'mmm dd, yyyy'를 입력하고 [확인]을 클릭합니다. 그러면 영문으로 표기 방식이 바뀝니다.

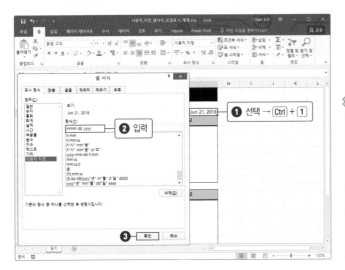

PLUS 월을 나타내는 'Jun'을 줄인 단어가 아닌 원래의 단어로 나타내려면 해당 셀의 [셀 서식]을 'mmmm dd, yyyy'로 수정하면 됩니다. m을 하나 더 추가해서 4개로 변경하면 해당 월의 전체 스펠링인 'June'으로 표시됩니다. 그리고 mmmmm으로 m을 5개 입력하면 해당 월의 스펠링 중에서 첫 번째 글자 'J'만 나타납니다.

06 요일까지 포함해서 나타내려면 [셀 서식]의 [형식] 입력란에 'dddd, mmmm dd, yyyy'를 입력하고 [확인]을 클릭합니다. 요일을 나타내는 'dddd, '를 붙여주면 완성됩니다.

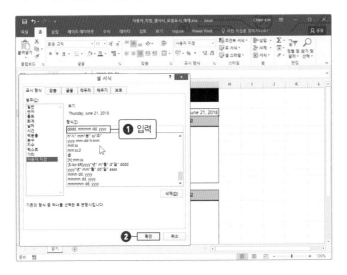

서식 지정해서
조건에 맞는 데이터만 시각화하기

▶ 2007　　　　▶ 2010　　　　▶ 2013　　　　▶ 2016　　　　▶ Office 365

집계된 여러 매출 현황을 평균 매출보다 좋은지 나쁜지 조건부로 표시할 수 있습니다. 엑셀은 이렇게 집계한 데이터를 간단하게 시각화하는 것도 가능한데 이때 사용되는 [사용자 지정 셀 서식]에 대해 알아보겠습니다.

◉ 예제 파일 | 사용자_지정_셀서식_조건부_예제.xlsx　　**완성 파일** | 사용자_지정_셀서식_조건부_완성.xlsx

01 예제 시트에서 지점별 매출이 960보다 크면 파란색, 그 이하면 빨간색으로 나타내려고 합니다. 먼저 [B4:N12] 셀을 선택해서 데이터가 들어 있는 모든 범위를 지정하고 마우스 오른쪽 버튼을 클릭해서 [셀 서식]을 클릭합니다.

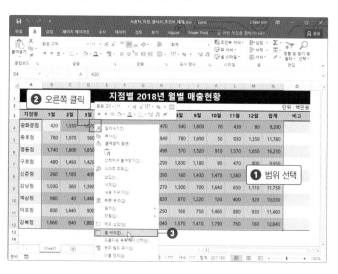

02 [셀 서식] 창이 나타나면 [표시 형식] 탭 – [사용자 지정]을 선택합니다. [형식] 입력란에 '[파랑][>960]#,##0;[빨강][>0]#,##0'를 입력한 후 [확인]을 클릭합니다.

PLUS 　사용자 지정 셀 서식은 [양수;음수;0;문자] 형태로 입력합니다. 여기서 조건부 셀 서식을 지정할 때는 각각의 조건을 세미콜론(;)으로 구분해서 입력하고 반드시 대괄호에 넣습니다. 그래서 해당 셀 값이 960을 초과하면 파랑으로 표시하라고 지정한 것이며, 만약 조건을 만족하지 못하면 두 번째 조건인 0을 초과했을 때 빨강으로 표시하라고 지정한 것입니다. 따라서 값의 크기를 조건으로 셀 서식의 색을 지정할 때는 첫 번째 조건을 만족하지 못하면 두 번째 조건을 적용해야 하므로 큰 값이 첫 번째 조건으로 입력되어야 합니다. 예를 들어 [빨강][>0]#,##0;[파랑][>960]#,##0으로 입력하면 960을 초과한 값을 입력해도 빨간색의 쉼표 스타일로 나타납니다. 960을 초과한 값도 0을 초과한 값이기 때문에 첫 번째 조건을 만족하므로 첫 번째 조건 서식으로 나타나게 되는 것입니다.

03 시트에서 결과를 확인해 보면 2018년 평균 매출인 960보다 낮거나 높은 지점별 매출을 한눈에 확인할 수 있습니다.

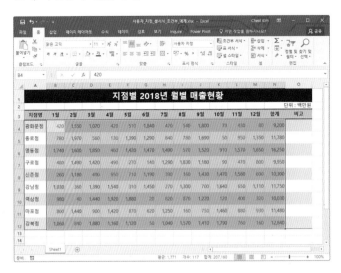

전년대비 실적의 증감을 쉽게 구분하도록 시각화하기

2007	2010	2013	2016	Office 365

전년보다 매출이 좋았는지 나빴는지를 손쉽게 나타내기 위해 전년대비 매출 증감을 양수와 음수로 표시하는 것이 좋습니다. 이때 [셀 서식]으로 양수와 음수를 구분해서 간단히 시각화할 수 있는 [사용자 지정 셀 서식]에 대해 알아보겠습니다.

⊙ **예제 파일** | 사용자_지정_셀서식_음수_예제.xlsx **완성 파일** | 사용자_지정_셀서식_음수_완성.xlsx

01 전년 대비 매출 실적을 음수와 양수로 정리한 시트입니다. 전년보다 매출이 많아서 양수로 표현한 값은 파란색 글씨로 나타내고 ▲ 기호와 쉼표 스타일로 표현하겠습니다. 그리고 매출이 전년보다 적어서 음수로 표현한 값은 빨간색 글씨로 나타내고 ▼ 기호와 쉼표 스타일로 나타내려고 합니다. 먼저 [셀 서식]을 설정할 범위로 [B4:N12] 셀까지를 선택하고 마우스 오른쪽 버튼을 클릭해서 [셀 서식]을 실행합니다.

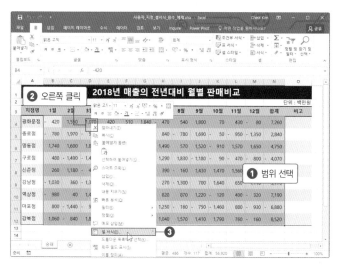

PLUS [셀 서식] 단축키는 Ctrl + 1 입니다.

PLUS 엑셀의 셀 서식에서 설정할 수 있는 색깔의 종류는 총 8개입니다.

1. 검정, 2. 자홍, 3. 녹색, 4. 노랑,
5. 흰색, 6. 녹청, 7. 파랑, 8. 빨강

02 [셀 서식] 창이 나타나면 [표시 형식] 탭 – [사용자 지정]을 선택하고 [형식] 입력란에 '[파랑] ㅁ'까지 입력한 뒤 [한자]를 누릅니다. 나타난 특수 문자의 오른쪽 아래의 [보기 변경]을 클릭하거나 [Tab]을 눌러 확장합니다.

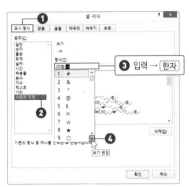

PLUS 엑셀에서 특수 문자는 한글의 자음과 모음 중에서 하나를 입력하고 [한자]를 누르면 특수 문자가 나타납니다. 단위와 관련된 특수 문자는 'ㄹ'을 누르고 [한자]를 누르면 찾을 수 있습니다.

03 2열의 아래쪽 두 번째에 있는 위쪽으로 향한 삼각형(▲) 특수 문자를 클릭합니다.

04 형식 입력란에 '[파랑]▲#,##0;[빨강]ㅁ'까지 입력하고 특수 문자를 입력하기 위해 [한자]를 누릅니다. 나타난 특수 문자 중 3열 첫 번째 있는 아래쪽으로 향한 삼각형(▼) 특수 문자를 선택합니다.

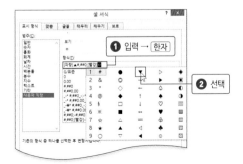

05 '[파랑]▲#,##0;[빨강]▼#,##0;;'까지 나머지 서식을 모두 입력합니다. 이 서식은 전년과 매출이 같아서 0이 나타나는 경우는 아무런 표시도 하지 않는다는 서식입니다. 사용자 지정 셀 서식을 잘 확인한 뒤 [확인]을 클릭합니다.

06 시트의 데이터를 확인하면 전년 대비 매출의 증감을 음수와 양수로 데이터를 채웠을 때보다 쉽게 확인할 수 있게 바뀌었습니다.

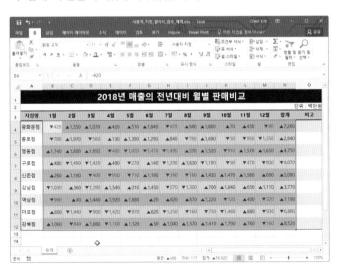

[사용자 지정 셀 서식] 예약어

예약어	예약어 설명	비고
y	연도	yyyy=e
m	월	y와 같이 사용
d	일	
bbbb	불기년도	
aaa	요일(월, 화, 수, 목, 금, 토, 일)	영문: ddd
aaaa	요일(월요일, 화요일…)	영문: dddd
h	시간(24시간 초과 시 대괄호)	
m	분	h와 같이 사용
s	초	
#	숫자 표기(유효하지 않은 숫자 생략)	
0	숫자 표기(유효하지 않은 0으로 표기)	
@	입력된 문자를 그대로 표기	
,	천 단위 표기(쉼표 스타일)	

참조 셀의 값을 바꿔도
결과가 바뀌지 않을 때 옵션 수정하기

2007	2010	2013	2016	Office 365

수식이 적용된 참조 셀의 데이터 값을 바꿨는데도 결과가 변경되지 않는 경우가 있습니다. 이때는 수식의 계산 옵션 설정만 수정하면 간단히 해결됩니다. 계산 옵션을 설정하는 방법에 대해 알아보겠습니다.

🔹 **예제 파일** | 자동계산_예제.xlsx   **완성 파일** | 자동계산_완성.xlsx

01 예제는 2018년 지점별 월별 매출을 정리해 놓았습니다. N 열은 지점별 매출의 합계를 수식으로 산출하고 있습니다. 이때 잘못 입력한 [M4] 셀의 매출을 '100'으로 수정한 후 Enter를 누릅니다.

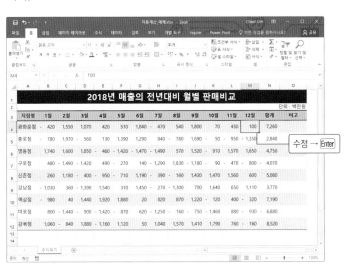

02 그런데 [N4] 셀의 합계가 변경되지 않습니다. [N4] 셀을 선택하고 F2를 눌러 수정 모드로 변경한 뒤 Enter를 눌렀더니 값이 변경됩니다. 이렇게 수정 모드에서 Enter를 눌렀을 때 값이 변경되거나 F9를 눌렀을 때 값이 변경된다면 계산 옵션을 변경해야 합니다. [파일] 탭 – [옵션]을 실행합니다.

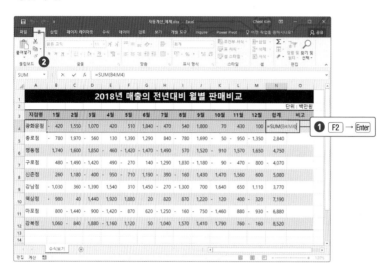

03 [Excel 옵션] 창의 [수식] 탭에서 [계산 옵션] – [통합 문서 계산] – [자동]을 체크하고 [확인]을 클릭합니다.

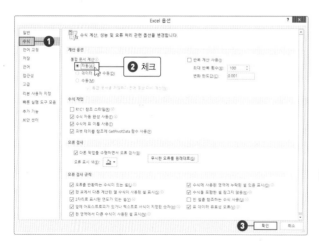

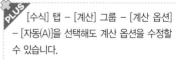

PLUS [수식] 탭 – [계산] 그룹 – [계산 옵션] – [자동(A)]을 선택해도 계산 옵션을 수정할 수 있습니다.

04 시트로 돌아와 [M4] 셀을 선택하고 데이터를 '110'으로 수정하고 Enter 를 눌러보면 자동으로 합계 값이 변경되는 것을 확인할 수 있습니다.

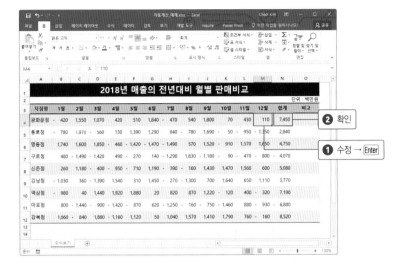

공통 문서

문서 작성

텍스트 입력

셀 서식

수식 입력

키 조작

표 기능

이동 및 찾기

시각화

기타

입력한 수식만 나타나고
결과 값이 보이지 않을 때 설정 바꾸기

TIP 029

| 2007 | 2010 | 2013 | 2016 | Office 365 |

엑셀 시트에 수식을 입력했는데 결과 값이 나타나지 않고 입력한 수식만 보이는 경우가 있습니다. 이때 셀에 입력한 수식의 결과가 나타나도록 설정하는 방법을 알아보겠습니다.

◆ **예제 파일** | 수식보기_모드_예제.xlsx **완성 파일** | 수식보기_모드_완성.xlsx

01 예제를 보면 합계 값을 산출하는 N 열의 셀에 입력한 수식만 보입니다. 수식이 입력된 셀을 선택하고 [Enter]를 눌러도 값이 나타나지 않는데 이때 수정하기 위해서 [수식] 탭 – [수식 분석] 그룹 – [수식 표시]를 클릭합니다.

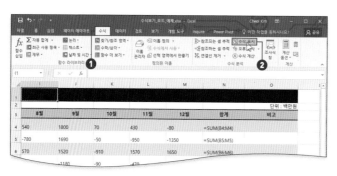

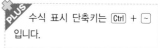

PLUS 수식 표시 단축키는 [Ctrl] + [~] 입니다.

02 정상적으로 수식의 결과가 셀에 나타나는 것을 확인할 수 있습니다.

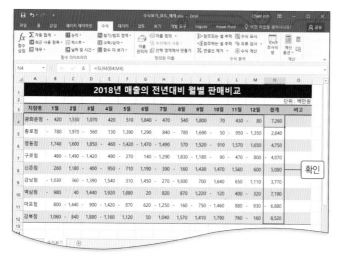

수식을 입력할 때
빠르게 범위 지정하기

2007	2010	2013	2016	▶ Office 365

수식을 입력할 때 참조 범위를 쉽고 빠르게 지정하는 키 조합 방법이 있습니다. 그리고 수식을 입력한 후 닫기 괄호를 자동으로 채우는 방법도 함께 알아보겠습니다.

◉ **예제 파일** | 키조합_활용_예제.xlsx **완성 파일** | 키조합_활용_완성.xlsx

01 [H108] 셀에 할인율이 적용된 금액의 합계를 나타내려고 합니다. [H108] 셀을 선택하고 =SUM(까지만 수식을 입력한 뒤 스크롤바를 위쪽으로 스크롤해서 첫 번째로 합계할 [H4] 셀을 클릭합니다. 셀이 선택된 상태로 Ctrl + Shift + ↓를 누르면 수식이 =SUM(H4:H107로 변경됩니다. 이때 닫기 괄호를 입력할 필요 없이 Enter 만 누르면 수식이 완성됩니다.

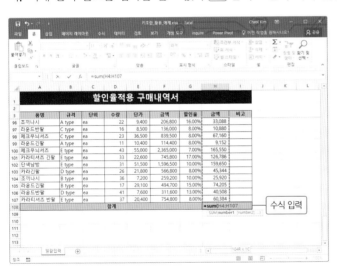

02 해당 셀을 보면 닫는 괄호가 자동으로 생성되어 있습니다. 엑셀 수식을 작성할 때 닫는 괄호가 두 개 이상 남았을 때는 Enter를 2회, 닫는 괄호가 한 개 남았을 때는 Enter를 한 번 누르면 괄호를 자동으로 만듭니다.

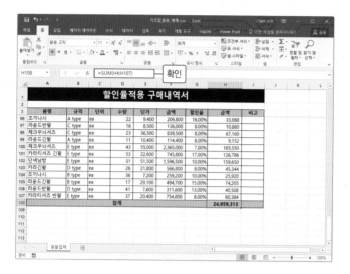

편하게 수식 입력한 후
빈 셀에 빠르게 채우기

| 2007 | 2010 | 2013 | 2016 | Office 365 |

많은 데이터를 정리할 때 시트의 행이 너무 많아져서 수식을 일일이 채우기 힘들었던 경험이 있었나요? 수식을 직접 입력하지 않고도 빠르게 입력하는 방법과 입력한 수식을 적용할 빈 셀에 빠르게 입력하는 방법도 알아보겠습니다.

⊙ 예제 파일 | 데이터_채우기_예제.xlsx   완성 파일 | 데이터_채우기_완성.xlsx

01 예제 시트의 [H4] 셀을 선택하고 =F4*G4를 입력한 후 Enter 를 누릅니다.

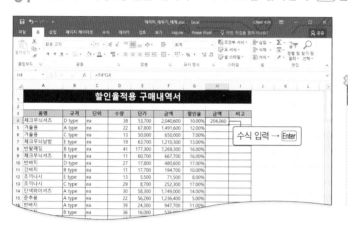

> **PLUS** 인접한 셀을 참조할 때는 마우스로 참조 셀을 클릭하는 것보다 방향 키를 사용하는 것이 좋습니다. 수식을 입력할 때 =를 입력하고 ←를 두 번 누르면 [F4] 셀을 참조하고 *를 입력한 뒤 ←를 한 번 누르면 [G4] 셀을 참조합니다.

02 [H4] 셀의 오른쪽 밑에 커서를 이동시키면 채우기 핸들(+)로 변경됩니다. 이때 더블클릭해서 아래쪽 모든 셀에 수식을 적용합니다.

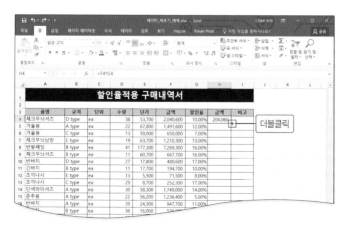

97

03 [H8] 셀을 보면 데이터 값의 길이가 열 너비보다 길어서 #####으로 표시되었습니다. 이때 열 너비를 데이터 값의 길이와 맞추려면 해당 열 인덱스의 오른쪽 경계를 더블클릭하면 됩니다.

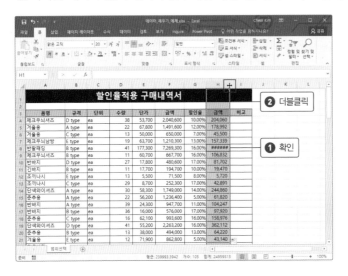

04 다음 그림처럼 열 너비가 간단히 조정되었습니다.

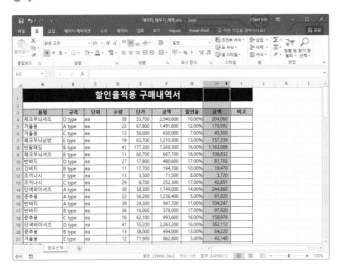

이름 정의를 활용해서
수식에 간편하게 적용하기

2007	2010	2013	2016	Office 365

엑셀을 사용할 때 가장 빈번하게 사용하는 게 수식일 텐데. 수식을 작성할 때 좀 더 직관적으로 이해하기 위해 이름 정의를 사용합니다. 참조 셀에 이름을 정의하는 방법과 집계할 범위에 데이터를 추가해도 자동으로 통계량이 변경되는 수식에 대해 알아보겠습니다.

◑ 예제 파일 | 이름정의_함수사용_예제.xlsx   **완성 파일** | 이름정의_함수사용_완성.xlsx

01 [C2:C7] 셀을 선택한 다음 [이름 상자]를 클릭해서 '매출'을 입력하고 [Enter]를 누릅니다.

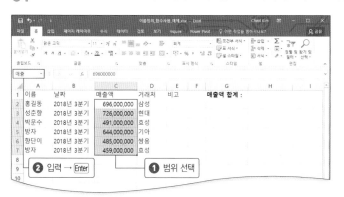

02 [H1] 셀을 선택하고 =SUM(매출)을 입력한 후 [Enter]를 누릅니다. 참조할 셀을 하나씩 입력하지 않고 이름으로 정의한 후 수식에서 사용할 수 있습니다. 이렇게 이름 정의를 사용하면 좀 더 쉽게 수식을 작성할 수 있습니다.

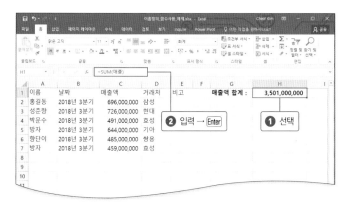

03 데이터를 추가해도 자동으로 참조 범위가 확장되는지 확인해 보겠습니다. [H1] 셀의 수식을 지우고 데이터 중에서 임의의 셀을 선택한 뒤 [삽입] 탭 – [표] 그룹 – [표]를 실행합니다.

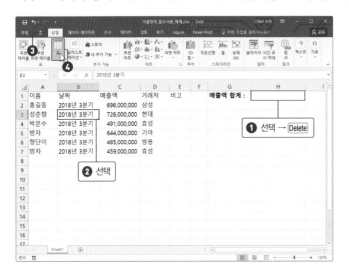

04 [표 만들기] 창이 나타나면 [머리글 포함]이 체크되어 있는지 확인한 뒤 [확인]을 클릭합니다.

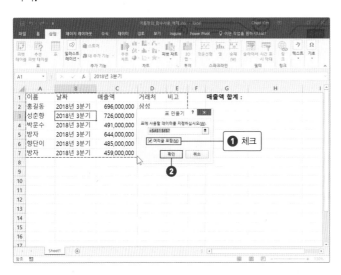

05 [H1] 셀을 선택하고 =SUM(매출)을 입력한 후 [Enter]를 누릅니다.

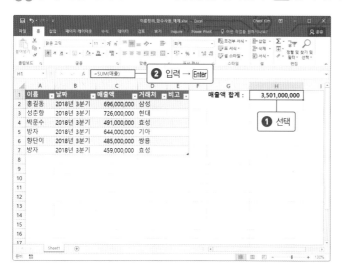

06 [A8] 셀에 '방자, 2018년 2분기, 10, 삼성'을 입력합니다. [H1] 셀의 결과 값을 보면 새로 입력한 매출액 10원이 자동으로 반영됩니다.

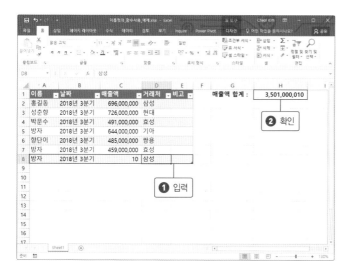

셀 서식에 영향을 주지 않고
일괄적으로 수식 적용하기

2007	2010	2013	2016	Office 365

이름 상자를 사용해서 필요한 범위를 빠르게 선택한 다음 선택된 범위에 수식을 일괄적으로 입력하는 방법을 살펴보겠습니다. 그리고 입력한 서식에 영향을 주지 않고 수식을 채우는 방법도 알아보겠습니다.

● 예제 파일 | 일괄입력_예제.xlsx 완성 파일 | 일괄입력_완성.xlsx

01 예제에서 제품별 금액을 할인율과 곱한 후 결과 금액을 H 열에 나타내려고 합니다.

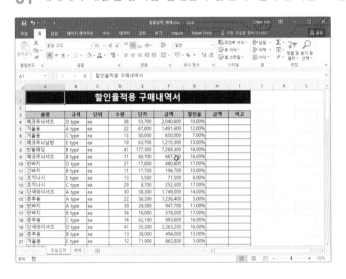

02 수식을 입력할 첫 번째 셀인 [H4] 셀을 선택하고 마지막 수식 입력 범위인 [H107] 셀을 확인해 둡니다.

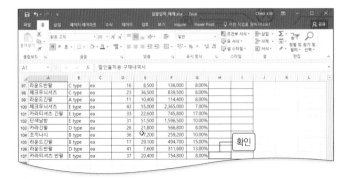

03 [H4] 셀이 선택된 상태에서 [이름 상자]를 선택하고 마지막 입력 범위의 셀 주소인 'H107'을 입력합니다.

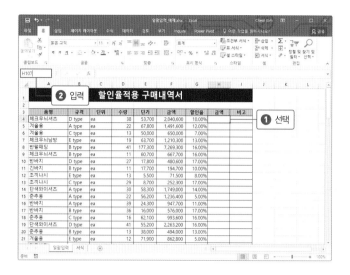

04 Shift + Enter를 눌러 [H4:H107] 셀까지의 범위를 모두 선택합니다.

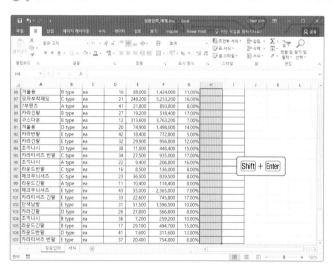

05 수식을 입력하기 위해 =를 입력하고 ←를 두 번 눌러 [F4] 셀의 금액을 참조합니다. 그리고 *를 입력하고 다시 ←를 한 번 눌러 할인율인 [G4] 셀을 참조해서 수식을 =F4*G4로 완성합니다.

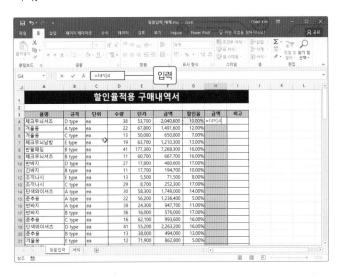

06 Ctrl + Enter를 눌러 해당 범위에 수식을 모두 채웁니다.

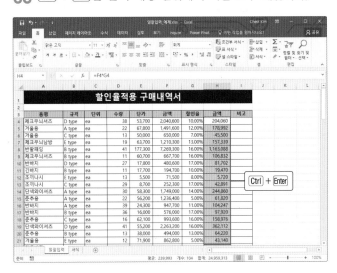

07 지금부터는 서식이 적용되어 있는 [서식] 시트를 선택한 다음 앞에서 진행한 과정을 그대로 반복합니다. 첫 번째 수식 입력 셀인 [H4] 셀을 선택하고 [이름 상자]를 선택합니다. 마지막 수식 입력 셀 주소 'H107'을 입력하고 Shift + Enter를 눌러 범위를 선택합니다.

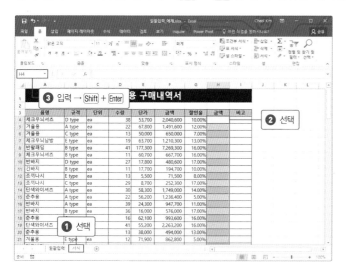

08 =를 입력하고 ←를 두 번 눌러 [F4] 셀의 금액을 참조합니다. 그리고 *를 입력하고 다시 ←를 한 번 눌러 할인율인 [G4] 셀을 참조해서 수식을 =F4*G4로 완성합니다. Ctrl + Enter를 눌러 수식을 일괄적으로 적용합니다.

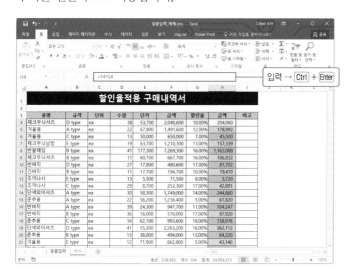

09 Ctrl을 사용해서 일괄 입력했더니 서식의 영향 없이 수식이 채워진 것을 확인할 수 있습니다.

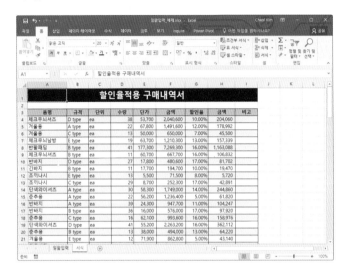

작업 중 갑자스런 오류로 엑셀 프로그램이 닫혔을 때 작업했던 파일 복구하기

TIP 034

| 2007 | 2010 | 2013 | 2016 | Office 365 |

엑셀 프로그램이 비정상적으로 종료되어 작업하던 일을 다시 해야 하는 경우가 있습니다. 이때 재작업을 하지 않고 작업 중이던 파일을 다시 복구하는 방법에 대해 알아보겠습니다.

◉ **예제 파일** | 빈 화면에서 시작하세요!

01 빈 화면에서 시작하기 위해 [파일] 탭 – [열기]를 클릭하면 최근에 사용한 파일 목록을 확인할 수 있습니다.

02 오른쪽 밑으로 스크롤해서 [저장되지 않은 통합 문서 복귀]를 클릭합니다.

03 [열기] 창이 나타납니다. 여기에는 비정상적으로 종료되어서 저장되지 않은 파일이 들어 있습니다. 해당 파일을 선택하고 [열기]를 클릭한 뒤 [다른 이름으로 저장]하면 복구할 수 있습니다.

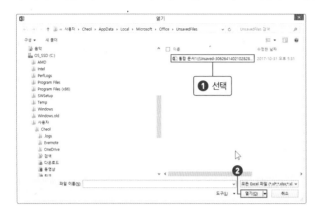

자동 복구 정보 저장 간격 확인하기

파일이 많다면 수정한 날짜가 가장 최근인 파일을 열어서 복구하면 됩니다. 복구할 수 있는 내용은 방금 전부터 최대 10분 전까지 작업한 내용을 되살릴 수 있습니다. 그 이유는 [Excel 옵션] 창의 [저장] 탭의 항목에서 [자동 복구 정보 저장 간격]이 기본 10분으로 설정되어 있기 때문입니다.

NOTE 엑셀 2010과 2013 버전에서 파일 복구하기

엑셀 2010 버전은 [파일] 탭 – [최근에 사용한 항목] – [저장되지 않은 통합 문서 복구]를 클릭해서 복구합니다.

엑셀 2013 버전은 [파일] 탭 – [열기]를 클릭한 뒤 최근 사용한 통합 문서 목록을 아래로 스크롤합니다. 그럼 가장 아래에 [저장되지 않은 통합 문서 복구]를 찾을 수 있습니다.

첫째 마당의 환경 설정부터 반드시 알아야 할 내용을 습득했습니다. 지금부터는 데이터를 쉽게 다루고 입력하는 여러 가지 방법을 본격적으로 익힙니다.

자동화된 보고서 양식을 쉽고 빠르게 만들고 지금까지 익혔던 필수 기능을 사용해서 활용도 높은 엑셀 데이터베이스를 작성하고 자동화하는 방법을 알아보겠습니다.

데이터 관리와 분석을
자유자재로,
**중급 사용자로
도약!**

행 방향으로 같은 수식을 빠르게 채우기

2007	2010	2013	2016	Office 365

시스템에서 다운로드한 데이터베이스나 엑셀 자료에 함수를 사용할 때 수식을 복사하는 경우가 매우 많습니다. 이때 채우기 핸들을 마우스로 드래그해서 수식을 채우려고 하는데 데이터 양이 너무 많아서 곤혹스러웠던 경험이 있을 것입니다. 연속된 데이터에 수식을 손쉽게 채우는 방법을 알아보겠습니다.

◉ **예제 파일** | 연속데이터_채우기_예제.xlsx **완성 파일** | 연속데이터_채우기_완성.xlsx

01 예제 파일을 열고 [K2] 셀에 =I2*J2로 수식을 입력하고 Enter를 누릅니다.

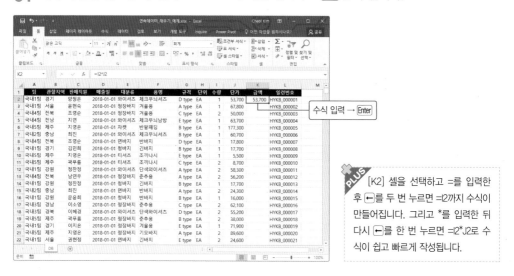

PLUS [K2] 셀을 선택하고 =를 입력한 후 ←를 두 번 누르면 =I2까지 수식이 만들어집니다. 그리고 *를 입력한 뒤 다시 ←를 한 번 누르면 =I2*J2로 수식이 쉽고 빠르게 작성됩니다.

02 수식이 입력된 셀의 오른쪽 아래에 마우스 커서를 가져가면 채우기 핸들(+)로 변경됩니다. 채우기 핸들을 더블클릭합니다.

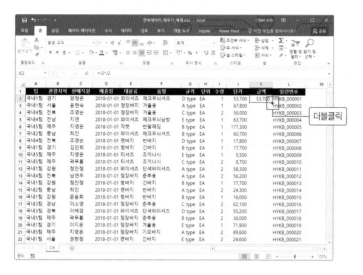

03 채우기 핸들을 더블클릭하면 행 방향으로 연속된 데이터의 마지막 셀까지 수식이 채워집니다.

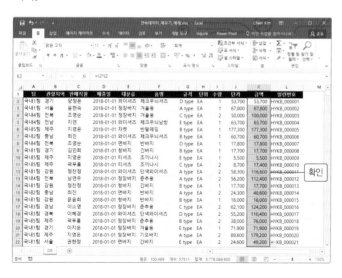

서식 변경 없이 연속되는 셀에 데이터 채우기

2007	2010	2013	2016	Office 365

채우기 색으로 강조 표시를 한 경우, 함수를 사용해서 값을 산출한 후 해당 수식을 복사하면 채우기 색이 사라집니다. 복사한 셀의 서식으로 변경되기 때문인데 서식의 변경 없이 수식을 복사하는 방법을 알아보겠습니다.

⊙ 예제 파일 | 서식_변경없이_연속데이터_채우기_예제.xlsx **완성 파일** | 서식_변경없이_연속데이터_채우기_완성.xlsx

01 채우기 색이 주황색으로 표시된 부분의 셀 서식이 바뀌지 않게 연속된 셀에 금액을 채우려고 합니다. 먼저 수식을 채울 범위인 [K2:K21] 셀을 선택합니다.

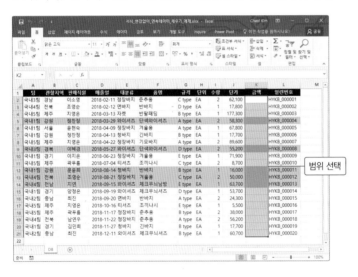

02 =를 입력한 후 ←를 두 번 누르면 =I2까지 만들어지고 *를 입력한 뒤 다시 ←를 한 번 누르면 =I2*J2로 수식이 작성됩니다. 수식이 입력된 상태에서 Ctrl + Enter를 누릅니다.

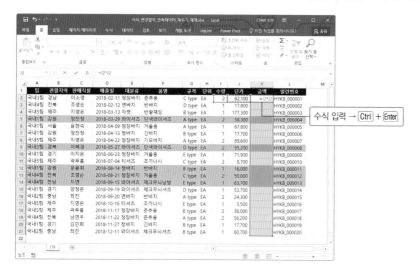

수식 입력 → Ctrl + Enter

03 다음 그림처럼 서식에 영향을 끼치지 않고 수식이 모두 입력된 것을 확인할 수 있습니다.

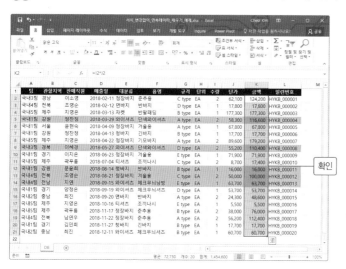

확인

빅데이터에서도 빠르게 연속된 데이터 채우기

2007	2010	2013	2016	Office 365

빅데이터를 다룰 때면 범위를 빠르게 선택하는 것도 쉽지 않습니다. 이때 많은 양의 데이터 중에서 임의의 범위만 빠르게 선택하고 서식의 영향 없이 수식을 채우는 방법을 알아보겠습니다.

◉ 예제 파일 | 서식_변경없이_빅데이터의_연속데이터_채우기_예제.xlsx **완성 파일** | 서식_변경없이_빅데이터의_연속데이터_채우기_완성.xlsx

01 예제를 열면 채우기 색이 포함된 데이터를 확인할 수 있습니다. K 열에 금액을 산출해야 하는데 데이터가 크다면 먼저 수식이 채워지는 마지막 셀의 위치를 찾는 게 중요합니다. 현재 [A1] 셀을 선택하고 Ctrl + ↓를 누르면 데이터가 입력되어 있는 마지막 셀까지 한 번에 이동됩니다.

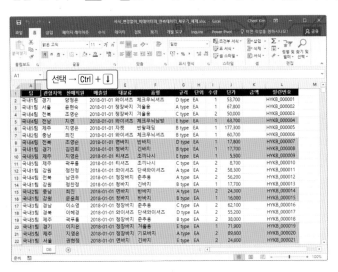

02 [A57512] 셀이 선택되면 수식을 입력할 [K57512] 셀까지 방향키를 눌러서 이동시킵니다.

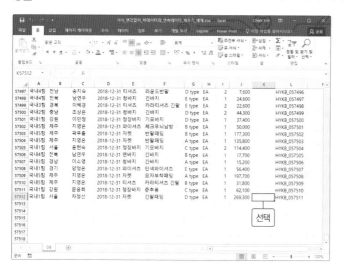

03 수식이 입력될 [K57512] 셀부터 [K2] 셀까지 선택해야 하므로 Ctrl + Shift + ↑를 눌러 범위를 선택합니다.

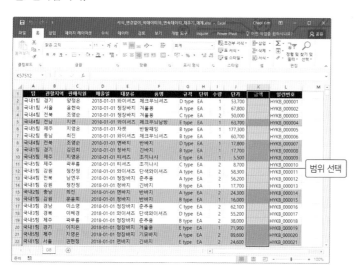

04 현재 선택된 [K1:K57512] 셀 범위에서 수식이 입력될 범위는 [K2] 셀부터이므로 Shift를 누른 상태에서 ↓를 한 번 눌러 선택 범위를 [K2:K57512] 셀로 조정합니다.

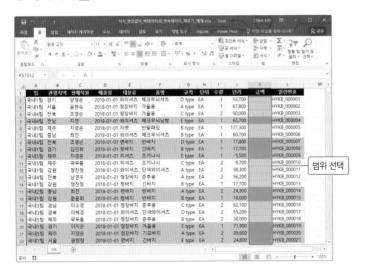

05 =를 입력한 후 ←를 두 번 누르면 =I57512까지 만들어지고 *를 입력한 뒤 다시 ←를 한 번 누르면 =I57512*J57512로 수식이 작성됩니다.

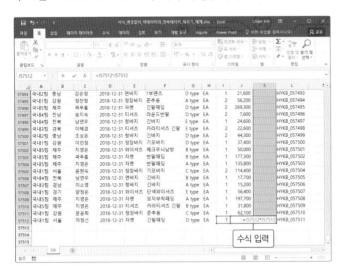

06 이 상태에서 Ctrl + Enter를 눌러 수식을 선택한 범위에 모두 입력합니다.

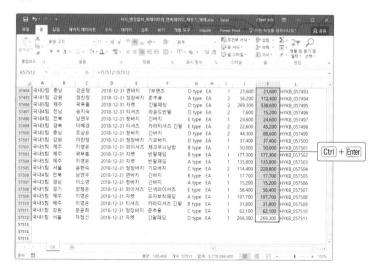

07 Ctrl + ↑를 눌러 시트 위쪽으로 이동해보면 색 채우기 서식에 영향을 주지 않고 수식이 입력된 것을 확인할 수 있습니다.

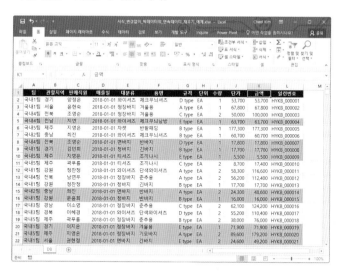

[이름 상자]에 수식을 채울 마지막 셀 주소 입력해서 범위 선택하기!

임의의 셀에서 Ctrl + End를 누르면 데이터가 입력된 마지막 셀로 이동합니다. 수식이 입력될 마지막 셀이 [K57512] 셀이니 잘 적어 놓습니다.

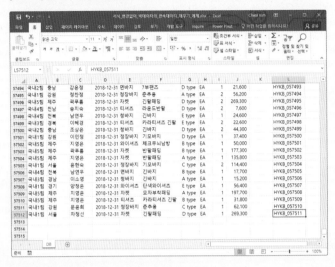

Ctrl + Home을 누르면 [A1] 셀로 이동합니다. 수식을 입력할 [K2] 셀을 선택하고 [이름 상자]에 마지막 수식이 채워질 [K57512] 셀 주소를 입력합니다. 그런 다음 Shift + Enter를 누르면 처음 선택한 [K2] 셀부터 [이름 상자]에 적어 둔 [K57512] 셀까지 모두 선택할 수 있습니다.

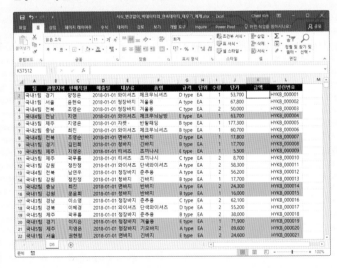

셀 크기에 맞게
사진 크기 조정해서 삽입하기

| 2007 | 2010 | 2013 | 2016 | Office 365 |

엑셀 시트에 그림 자료를 삽입하면 사진 해상도에 따라 제각각의 크기로 삽입됩니다. 이때 삽입한 사진이 너무 크면 그림을 삽입할 셀보다 크게 삽입되는 경우가 많습니다. 그림을 삽입할 셀 크기에 손쉽게 맞추는 방법을 알아보겠습니다.

◎ **예제 파일** | 사진삽입하기_예제.xlsx   **완성 파일** | 사진삽입하기_완성.xlsx

01 예제를 열고 그림을 삽입할 [B6] 셀을 선택합니다. 선택한 후 [삽입] 탭 – [일러스트레이션] 그룹 – [그림]을 실행합니다.

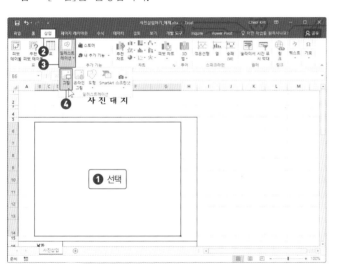

옵션 설정

문서 입력

빠른 설정

셀 서식

수식 입력

키 조작

표 기능

이동 및 찾기

시각화

기타

02 그림 자료가 있는 폴더로 이동해서 입력할 그림을 더블클릭하거나 선택한 후 [삽입]을 클릭합니다. 여기서는 [Part_2] – [예제] 폴더의 '비행기.jpg'를 삽입했습니다.

03 선택한 셀 크기보다 훨씬 크게 사진이 삽입되었습니다.

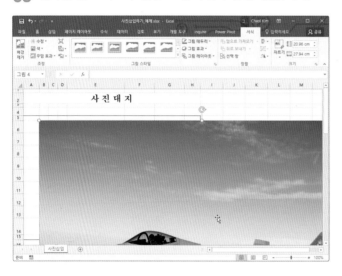

04 먼저 조정이 쉽도록 오른쪽 아래의 [확대/축소] 슬라이드를 드래그해서 50%까지 줄입니다.

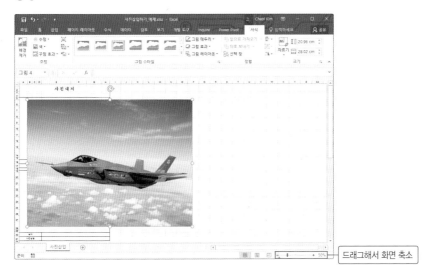

드래그해서 화면 축소

05 사진을 선택하고 [Alt]를 누른 채로 오른쪽 아래의 조절점을 움직여서 줄입니다. 선택한 [B6]
셀의 열 너비와 사진 크기가 맞춰지면 잠시 멈춥니다. 이때 클릭을 떼면 그림 크기를 쉽게 조절해
서 입력할 수 있습니다.

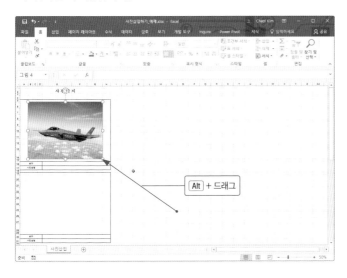

Alt + 드래그

거래처가 자동으로 추가되는 데이터베이스 만들기

TIP 039

2007	2010	2013	2016	Office 365

엑셀 데이터베이스를 만들 때 데이터 유효성 검사로 머리글이 포함된 표를 지정하면 필요한 데이터를 선택해서 입력할 수 있습니다. 거래처처럼 항목이 유동적으로 추가되거나 삭제되는 경우, 변동되는 데이터 항목을 손쉽게 자동 추가하는 방법을 알아보겠습니다.

ⓞ **예제 파일** | 항목자동추가_유효성검사_예제.xlsx **완성 파일** | 항목자동추가_유효성검사_완성.xlsx

01 예제 파일을 열고 먼저 작성하려는 엑셀 데이터베이스를 표로 지정합니다. [A1:I1] 셀 중 임의의 데이터를 선택하고 표([Ctrl] + [T])를 눌러 [표 만들기] 창을 불러옵니다. 해당 범위에 머리글이 포함되어 있으므로 [머리글 포함]에 체크하고 [확인]을 클릭합니다.

02 거래처를 표로 지정합니다. [K2:K8] 셀 중 임의의 데이터를 선택하고 표([Ctrl] + [T])를 눌러 [표 만들기]를 실행합니다. 해당 범위에 머리글이 포함되어 있으므로 [머리글 포함]에 체크한 상태로 [확인]을 클릭합니다.

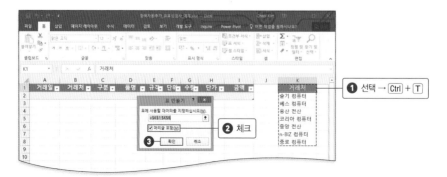

03 B 열의 데이터는 거래처를 선택해서 입력하도록 만들기 위해 데이터 유효성 검사를 지정합니다. 먼저 [B2] 셀을 선택하고 [데이터] 탭 – [데이터 도구] 그룹 – [데이터 유효성 검사]를 선택합니다.

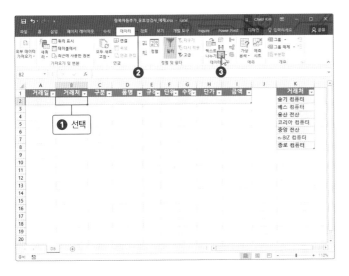

04 [데이터 유효성] 창의 [설정] 탭에서 [제한 대상]은 [목록]을 선택하고 [원본]은 시트의 [K2:K8] 셀을 드래그해서 범위로 지정한 뒤 [확인]을 클릭합니다.

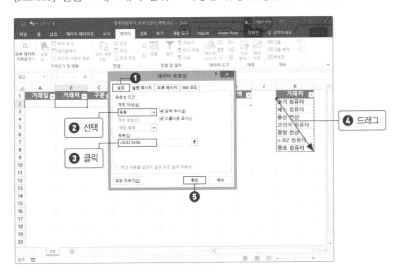

엑셀 설정

문자 입력

빠른 설정

셀 서식

수식 입력

키 조작

표 기능

이동 및 찾기

시각화

기타

05 [A2] 셀에서 임의의 날짜를 입력하고 [B2] 셀을 선택하면 오른쪽에 드롭다운 표시가 나타납니다. 드롭다운 표시를 클릭하면 [데이터 유효성 검사]에서 [원본]으로 지정한 거래처 목록이 생성됩니다. 임의의 거래처를 선택만 하면 바로 입력할 수 있게 되었습니다.

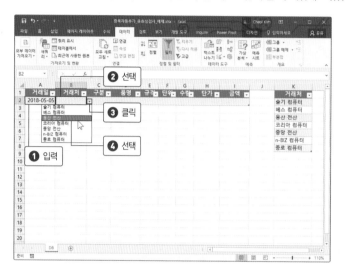

06 거래처 하나가 새롭게 추가되었을 때 [K9] 셀을 선택하고 새로운 거래처 이름으로 '혜윰케이비'를 입력합니다.

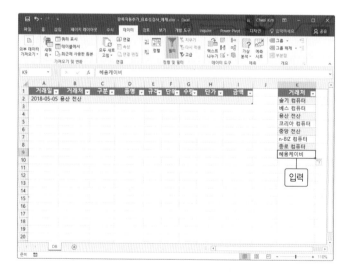

07 [A3] 셀에서 임의의 날짜를 입력하고 [B3] 셀을 선택하면 드롭다운 표시가 나타납니다. 클릭하면 마지막에 새로 추가한 '혜윰케이비'가 나타납니다.

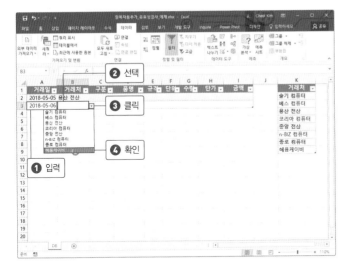

유효성 검사로 표 데이터를 선택적으로 입력하기

2007	2010	2013	2016	Office 365

엑셀 데이터베이스를 만들어 사용할 때 표로 지정한 데이터를 선택해서 입력할 수 있습니다. 입력해 놓은 데이터를 사용자가 정의한 표의 내용으로 선별해서 입력하려고 합니다. 예를 들어, 과일류를 선택하면 과일 항목만 입력되도록 하고 채소류를 선택하면 채소 항목만 입력되도록 만드는 방법을 알아보겠습니다.

● **예제 파일** | 이중유효성검사_예제.xlsx   **완성 파일** | 이중유효성검사_완성.xlsx

01 예제 파일을 열고 먼저 엑셀 데이터베이스를 표로 지정합니다. [A1:H1] 셀 중에서 임의의 데이터를 선택하고 Ctrl + T를 눌러 [표 만들기]를 실행합니다. 해당 범위에 머리글이 포함되어 있으므로 [머리글 포함]에 체크하고 [확인]을 클릭합니다.

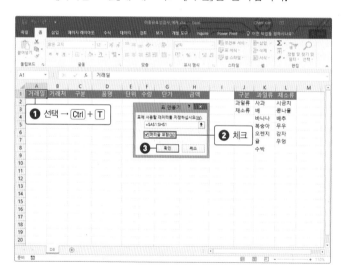

02 오른쪽의 구분, 과일류, 채소류를 각각 별도의 표로 지정합니다. 이유는 과일류, 채소류 항목이 추가되어도 자동으로 추가해서 입력할 수 있도록 하기 위함입니다. 먼저 [J1:J3] 셀을 선택하고 Ctrl + T를 눌러 [표 만들기]를 실행합니다. 해당 범위에 머리글이 포함되어 있으므로 [머리글 포함]에 체크하고 [확인]을 클릭합니다.

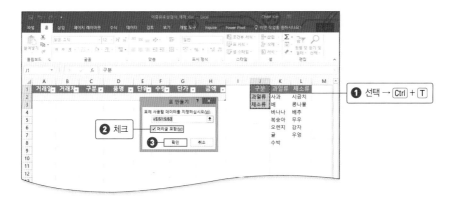

03 과일류도 [K1:K8] 셀을 선택하고 Ctrl + T를 눌러 [표 만들기]를 실행합니다. [머리글 포함]에 체크한 상태로 [확인]을 클릭합니다.

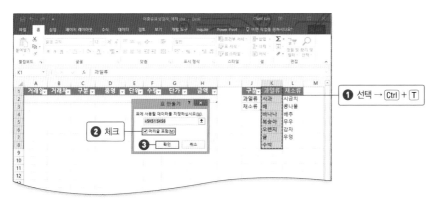

04 채소류도 [L1:L7] 셀을 선택하고 Ctrl + T를 눌러 [표 만들기]를 실행합니다. [머리글 포함]에 체크하고 [확인]을 클릭합니다.

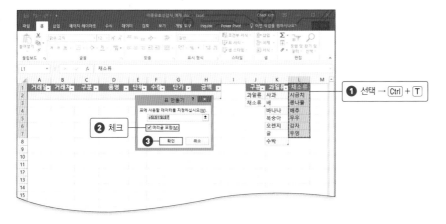

05 선택된 구분, 과일류, 채소류를 모두 이름 정의합니다. 이때 하나씩 이름을 정의하지 않고 한꺼번에 이름 정의하는 방법을 알아보겠습니다. [J1:L8] 셀까지 모든 데이터를 선택한 뒤 [홈] 탭 – [편집] 그룹 – [찾기 및 선택] – [이동]을 실행합니다.

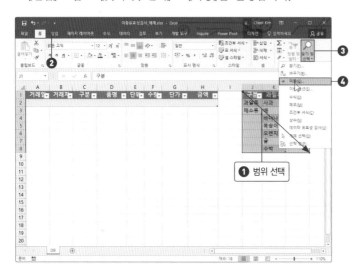

06 [이동] 창이 나타나면 필요한 셀만 선택하기 위해 [옵션]을 클릭합니다.

클릭

07 [이동 옵션] 창에서 [상수]를 선택하고 [확인]을 클릭합니다.

08 데이터가 들어있는 범위만 선택됩니다. 선택 범위의 첫 행으로 이름 정의를 만들겠습니다. [수식] 탭 - [정의된 이름] 그룹 - [선택 영역에서 만들기]를 클릭합니다.

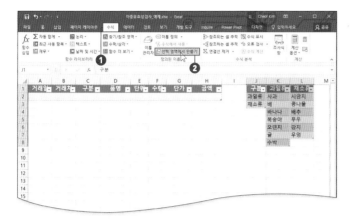

09 [첫 행]만 선택한 뒤 [확인]을 클릭합니다.

10 이름 정의가 제대로 만들어 졌는지 [수식] 탭 - [정의된 이름] 그룹 - [이름 관리자]를 클릭합니다.

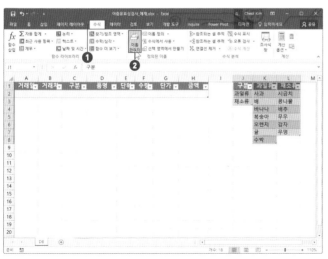

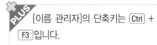

[이름 관리자]의 단축키는 Ctrl + F3 입니다.

11 선택 범위의 첫 행인 [과일류], [구분], [채소류]로 이름이 정의된 것을 확인했으면 [닫기]를 클릭합니다.

12 데이터를 선택해서 입력할 수 있게 유효성 검사를 지정하겠습니다. 먼저 [C2] 셀을 선택하고 [데이터] 탭 – [데이터 도구] 그룹 – [데이터 유효성 검사]를 클릭합니다.

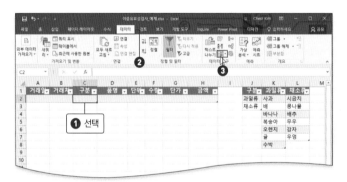

13 [데이터 유효성] 창에서 [제한 대상]은 [목록]을 선택합니다. 그리고 [원본]에는 이름으로 정의한 '=구분'을 입력하고 [확인]을 클릭합니다.

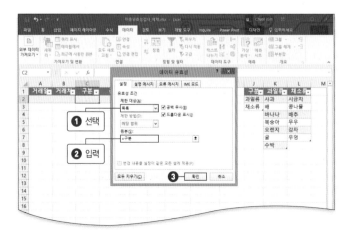

이름 정의한 이름이 기억이 나지 않는다면?

이름 정의를 어떤 이름으로 정의했는지 기억하기 어려울 때 [원본] 입력란을 클릭한 뒤 [F3]을 누르면 [이름 붙여넣기] 창이 나타납니다. 현재 파일 안에 정의된 이름이 열거되며, 삽입하려는 이름을 더블클릭하거나 선택한 후 [확인]을 클릭하면 자동으로 입력됩니다.

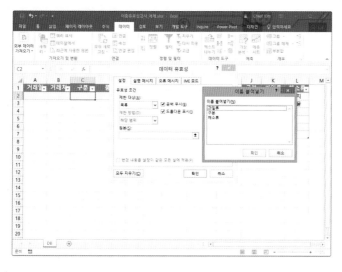

14 [C2] 셀의 드롭다운 버튼을 클릭해서 우선 [과일류]를 선택합니다.

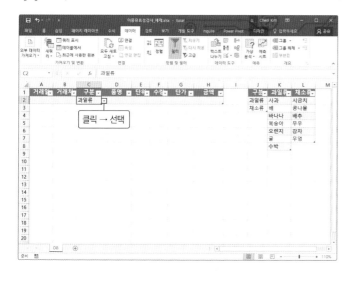

15 품명을 나타낼 D 열에는 C 열에서 선택한 항목과 일치하는 물품만 나열되도록 유효성 검사를 지정하겠습니다. [D2] 셀을 선택하고 [데이터] 탭 – [데이터 도구] 그룹 – [데이터 유효성 검사]를 실행하고 [제한 대상]은 [목록]으로 [원본]에는 =INDIRECT(C2)를 입력하고 [확인]을 클릭합니다.

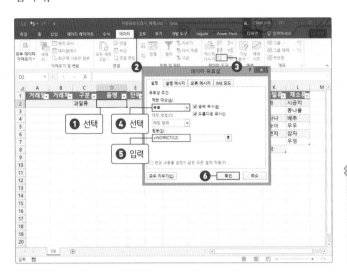

INDIRECT 수식은 텍스트를 사용 가능한 참조 범위로 변환하는 역할을 합니다. 그러므로 [C2] 셀에 텍스트인 '과일류'를 사용할 수 있는 범위인 과일류 [이름 정의]로 변환해줍니다.

16 [D2] 셀을 선택하고 드롭다운 버튼을 클릭하면 과일류 항목을 선택해서 입력할 수 있습니다.

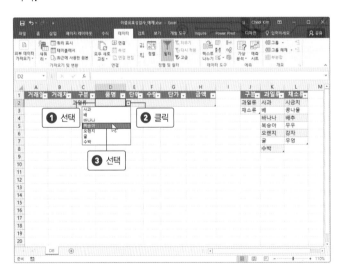

17 [C2] 셀을 [채소류]로 변경하고 [D2] 셀의 드롭다운 버튼을 클릭하면 채소류 항목만 나열됩니다.

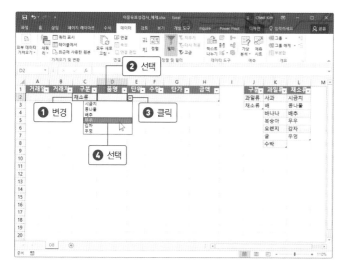

입력 설정

문자 입력

빠른 설정

셀 서식

수식 입력

키 조작

표 기능

이동 및 찾기

시각화

기타

매출이 자동으로 변경되는
보고서 작성하기

| 2007 | 2010 | 2013 | 2016 | Office 365 |

매출 엑셀 데이터베이스를 집계했을 때 새로운 데이터가 입력되게 되면 참조 범위를 변경해서 새로운 데이터를 반영토록 하는데 그렇게 번거로운 과정을 거치지 않고 한 번 입력만으로 새로운 데이터까지 자동으로 반영되는 매출 보고서 작성법을 알아보겠습니다.

◐ 예제 파일 | 표_활용_함수_예제.xlsx **완성 파일** | 표_활용_함수_완성.xlsx

01 예제를 열고 [DB] 시트의 데이터베이스 중에서 임의의 셀을 선택하고 표 만들기(Ctrl + T)를 실행합니다. [머리글 포함]이 체크된 상태로 [확인]을 클릭합니다.

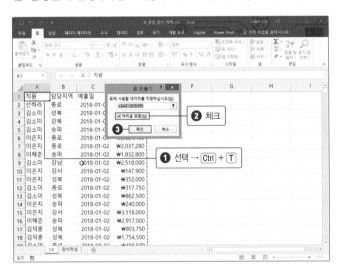

02 수식을 알아보기 쉽게 입력하는 방법과 함께 다중 열 데이터의 머리글로 이름 정의하는 방법을 알아보겠습니다. [수식] 탭 - [정의된 이름] 그룹 - [선택 영역에서 만들기]를 실행하고 [선택 영역에서 이름 만들기] 창의 [첫 행]만 선택해서 [확인]을 클릭합니다.

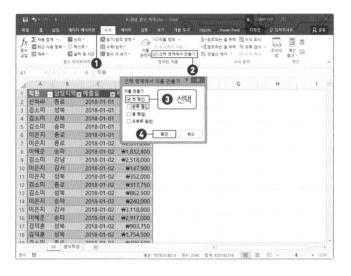

03 [양식작성] 시트의 [B4] 셀을 선택하고 다중 조건(직원과 담당지역)의 합을 SUMIFS 함수로 넣어보겠습니다. =SUMFIS(매출액,직원,$A4,담당지역,B$3)를 입력하고 Enter를 누릅니다.

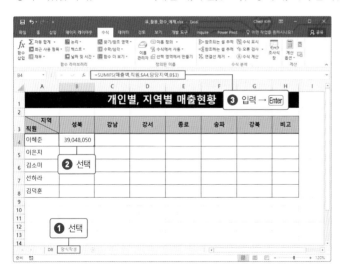

=SUMFIS(매출액,직원,$A4,담당지역,B$3)
　　　　❶　　❷　❸　　　❹　　　❺

❶ : 다중 조건의 합을 구할 범위이며, [매출액]으로 이름 정의한 범위입니다.

❷ : 첫 번째 조건 범위이며, [직원]으로 이름 정의한 범위입니다.

❸ : ❷위 범위에서 만족하는 값이며, [A4] 셀인 '이혜준'입니다.

　　 따라서 [직원]으로 이름 정의한 범위에서 '이혜준'을 만족하는 값이라고 해석합니다.

❹ : 두 번째 조건 범위이며, [담당지역]으로 이름 정의한 범위입니다.

❺ : ❹의 범위에서 만족하는 값이며, [B3] 셀인 '성북'을 뜻합니다.

　　 따라서 [담당지역] 범위에서 '성북'을 만족하는 값이라고 해석합니다.

최종 해석은 [직원] 범위에서 '이혜준'을 만족하고 [담당지역] 범위에서 '성북'을 만족하는 [매출액]의 합계를 나타내라고 해석합니다.

여기서 $A4, B$3 참조는 수식을 한 번 입력하고 나머지는 복사해서 채우기 위해 행이나 열을 고정한 것입니다. [A4] 셀의 값인 '이혜준'은 직원 중 하나의 데이터이고 나머지 직원 데이터는 모두 세로로 나열되어 있습니다. 이런 세로형 데이터는 나열 방향 그대로 위쪽 끝까지 올라가보면 A열이 보이는데 그래서 A열 앞에 $을 표시해서 고정한 것입니다. B$3 참조는 [B3] 셀의 값인 '성북'은 지역 데이터 중 하나인데 나머지 지역 데이터는 모두 가로로 나열되어 있습니다. 이런 가로형 데이터는 나열 방향 그대로 왼쪽 끝까지 이동하면 3행이 보입니다. 그래서 3행 앞에 $을 표시해서 고정한 것입니다.

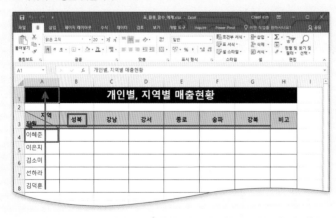

04 비어있는 나머지 영역에 수식을 모두 복사합니다. [B4] 셀을 선택하고 셀 오른쪽 밑으로 커서를 옮겨 채우기 핸들(+)로 변하면 클릭해서 [G4] 셀까지 드래그합니다. 그런 다음 [B4:G4] 셀이 모두 선택된 상태로 채우기 핸들(+)을 더블클릭하면 빈 셀에 수식이 모두 복사됩니다.

05 [DB] 시트로 옮겨가서 586행에 '이혜준, 성북, 2018-3-31, 5'를 추가로 입력합니다.

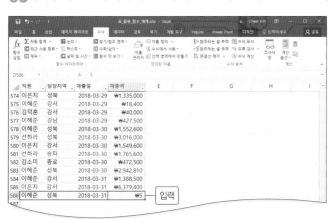

06 [양식작성] 시트의 [B4] 셀의 값을 보면 39,048,050이었던 금액이 39,048,055로 변경된 것을 확인할 수 있습니다.

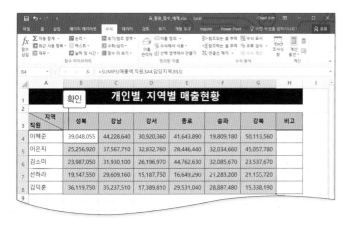

수정이 편리한 결재란 작성하기

| 2007 | 2010 | 2013 | 2016 | Office 365 |

근무일지나 공문처럼 결재란이 포함된 문서를 작성할 때 열 너비와 행 크기를 맞추는 것 때문에 결재란 만들기가 매우 성가십니다. 이때 결재란을 다른 시트에 만들어 놓고 붙여넣기 옵션을 선택해서 간편하고 빠르게 만드는 방법에 대해 알아보겠습니다.

◎ 예제 파일 | 결재란_작성하기_예제.xlsx **완성 파일** | 결재란_작성하기_완성.xlsx

01 예제를 열고 [Sheet1]에 작성해 둔 결재란 부분인 [B2:E3] 셀까지를 선택하고 복사합니다.

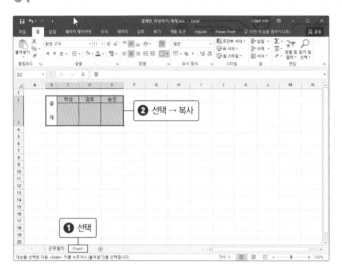

02 [근무일지] 시트로 이동해서 결재란을 붙여 넣을 [T3] 셀을 선택하고 [홈] 탭 – [클립보드] 그룹 – [붙여넣기] – [기타 붙여넣기 옵션] – [그림]을 클릭합니다. 다음과 같이 복사된 결재란이 주변 셀에 영향을 받지 않고 삽입됩니다.

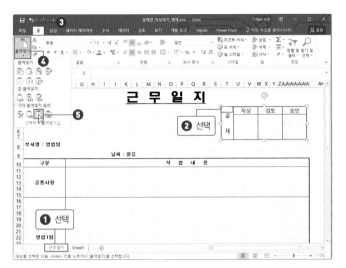

03 이번에는 입력된 결재란을 지우고 다시 [Sheet1]의 결재란을 복사하고 [근무일지] 시트의 [T3] 셀을 선택한 뒤 [홈] 탭 – [클립보드] 그룹 – [붙여넣기] – [기타 붙여넣기 옵션] – [연결된 그림]을 클릭합니다.

04 [Sheet1] 시트로 이동해서 [C2:E2] 셀의 데이터를 '담당, 과장, 팀장'으로 변경합니다.

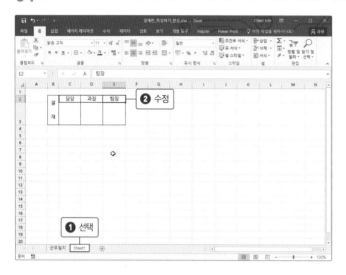

05 [근무일지] 시트로 이동해서 확인하면 변경된 데이터가 결재란에 반영된 것을 확인할 수 있습니다.

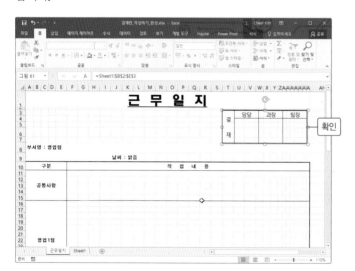

선택한 범위의 데이터를
일괄적으로 연산하기

2007	2010	2013	2016	Office 365

대용량 엑셀 데이터베이스의 단가 등을 일괄로 변경할 때, 다른 열을 별도로 선택해서 임의의 값을 곱하고 다시 값 붙여넣기로 복사하는 것이 일반적인 작업 방식입니다. 하지만 좀 더 손쉽게 대용량 데이터에 임의의 값을 가감승제 하는 연산 방법을 알아보겠습니다.

⚙ **예제 파일** | 일괄증감_예제.xlsx **완성 파일** | 일괄증감_완성.xlsx

01 예제를 열고 L 열을 보면 할인율을 92%로 적용한다고 되어 있습니다. 그럼 먼저 임의의 셀 [L4] 셀에 0.92를 입력하고 해당 셀을 복사합니다.

02 I 열의 단가 부분에 92%를 곱해서 적용해야 하므로 [I2] 셀을 선택하고 Ctrl + Shift + ↓를 눌러 범위를 선택합니다. 선택된 셀을 마우스 오른쪽 버튼으로 클릭한 다음 [선택하여 붙여넣기]를 클릭합니다.

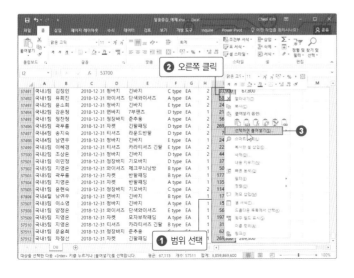

03 선택 범위에 복사했던 0.92 값을 곱해야 하므로 [선택하여 붙여넣기] 창이 나타나면 [값], [곱하기]를 선택하고 [확인]을 클릭합니다.

04 I 열의 전체 데이터가 기존 단가의 92%가 적용되어 수정된 것을 확인할 수 있습니다.

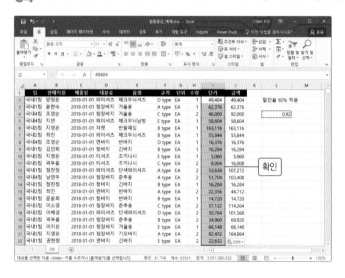

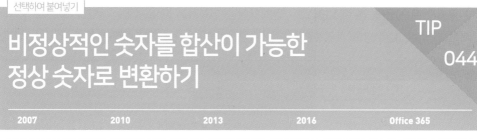

비정상적인 숫자를 합산이 가능한 정상 숫자로 변환하기

2007	2010	2013	2016	Office 365

데이터 분석 툴인 엑셀을 사용하면 각종 데이터를 다루게 됩니다. 가끔 웹에서 가져오거나 입수한 데이터를 사용해서 합산했을 때 정상적으로 합산되지 않는 경우가 있습니다. 이때 비정상적인 숫자 데이터를 연산 가능한 정상 숫자로 변환하는 방법을 알아보겠습니다.

◉ **예제 파일** | 숫자변환_예제.xlsx   **완성 파일** | 숫자변환_완성.xlsx

01 예제의 [L2] 셀에 =SUM(J2:J4)을 입력하고 Enter 를 누릅니다. [J2] 셀부터 [J4] 셀까지의 데이터는 얼핏 확인해도 20만 원이 넘는데 결과는 153,700원으로 나타납니다. 일부 데이터가 숫자처럼 보이지만 문자로 입력되었기 때문에 생기는 문제입니다. 그럼 데이터가 숫자인지 문자인지를 확인해 보겠습니다.

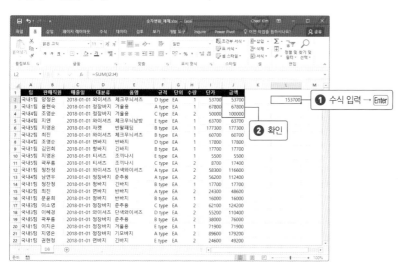

02 [K1] 셀에 '단가확인', [L1] 셀에는 '금액확인'을 입력하고 [K2] 셀에는 =TYPE(J2)로 입력합니다. 그런 다음 [K2] 셀의 채우기 핸들(+)을 [L2] 셀까지 드래그해서 수식을 복사해서 넣습니다.

❶ 글머리 입력

❷ 수식 입력 → 복사

TYPE 함수의 결과 확인

TYPE 함수의 결과가 1이면 참조한 셀의 데이터가 숫자라는 것을 의미하며, 결과가 2이면 참조 셀의 데이터는 문자라는 것을 의미합니다. 그 외의 결과는 다음 표에서 확인할 수 있습니다.

TPYE 함수 결과	참조 데이터
1	숫자
2	문자
4	논리 값
16	오류 값
6,4	배열

03 [K2:L2] 셀을 선택하고 선택한 셀 오른쪽 아래의 채우기 핸들(ㅣ)을 더블클릭해서 수식을 모두 채웁니다.

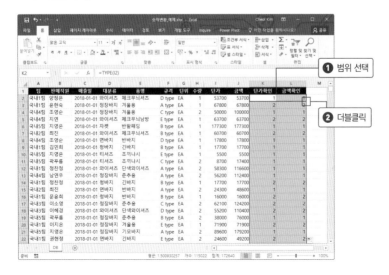

❶ 범위 선택

❷ 더블클릭

04 2를 반환한 참조 셀의 데이터는 모두 문자라는 것을 알 수 있습니다. 이제 문자 데이터를 모두 정상적인 숫자 데이터로 변환하겠습니다. 사용하지 않는 임의의 셀에 '1'을 입력하고 해당 셀을 복사합니다.

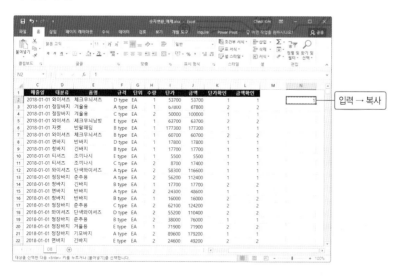

05 [I2:J2] 셀을 선택하고 Ctrl + Shift + ↓를 눌러 모든 데이터를 선택합니다. 선택된 데이터 셀을 마우스 오른쪽 버튼으로 클릭한 다음 [선택하여 붙여넣기]를 실행합니다.

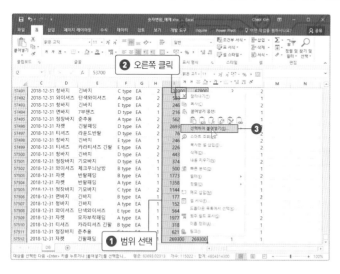

06 [선택하여 붙여넣기] 창이 나타나면 [값], [곱하기]를 선택하고 [확인]을 클릭합니다.

논리적으로 맞지 않지만 엑셀은 숫자로 변환 가능한 문자에 1을 곱하면 숫자로 변환되는 기능이 있습니다.

07 원래 숫자인 데이터는 변화가 없지만 문자였던 데이터는 모두 숫자로 변경되었습니다.

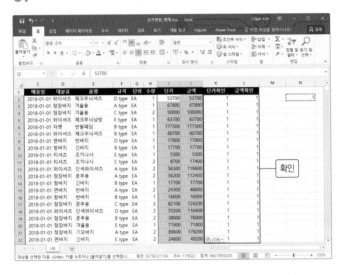

08 불필요한 데이터를 삭제하기 위해 K 열부터 N 열까지 모두 선택합니다. 마우스 오른쪽 버튼으로 클릭한 다음 [삭제]를 클릭합니다.

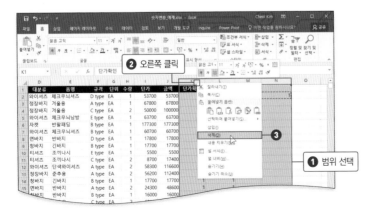

순서가 뒤죽박죽인 데이터에서
변경된 내용만 찾아 표시하기

2007	2010	2013	2016	Office 365

신청 수량이 변경된 데이터를 용품 신청서 원본과 다른 셀에 입력해서 뒤죽박죽인 데이터가 있습니다. 그래서 원본과 신청 수량이 다른 셀을 찾아서 변경된 용품 신청서에 표시하려고 합니다. 이때 작성된 문서는 품명과 규격으로 두 가지 조건이 적용되어 있어 파생 열을 먼저 만든 다음 VLOOKUP 함수로 신청 수량이 변경된 셀을 빠르게 찾아서 표시하는 방법에 대해 알아보겠습니다.

◎ **예제 파일** | 동일행_다른값_찾기2_예제.xlsx　**완성 파일** | 동일행_다른값_찾기2_완성.xlsx

01 '품명'과 '규격'으로 다중 조건이 적용된 예제입니다. 우선 파생 열을 만들기 위해 A 열을 선택, 마우스 오른쪽 버튼으로 클릭한 다음 [삽입]을 실행해서 열을 삽입합니다.

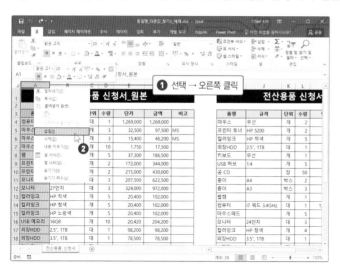

02 [A4] 셀에 =B4&C4를 입력한 뒤 해당 수식을 29행까지 복사합니다.

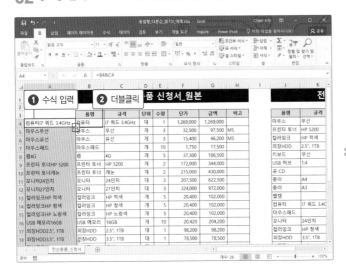

03 같은 요령으로 [I4] 셀에 =J4&K4을 입력하고 29행까지 수식을 복사합니다. 이렇게 해서 두 개의 조건을 파생 열에 하나의 조건으로 만들었습니다.

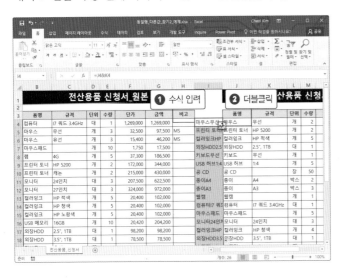

04 신청한 수량이 다른 셀을 골라내려는 범위인 [M4:M29] 셀을 선택하고 [홈] 탭 - [스타일] 그룹 - [조건부 서식] - [새 규칙]을 실행합니다.

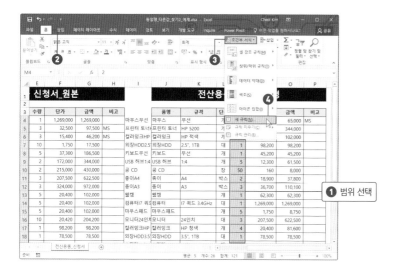

05 [새 서식 규칙] 창이 나타나면 규칙 유형을 '수식을 사용하여 서식을 지정할 셀 결정'으로 선택하고 수식 입력란에 =VLOOKUP(I4,A$4:E$29,5,0)〈〉M4를 입력하고 [서식]을 클릭합니다.

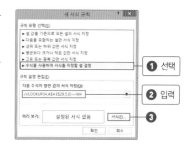

NOTE 📝

VLOOKUP 함수 간단히 알아보기

=VLOOKUP(I4,A$4:E$29,5,0)〈〉M4

❶   ❷   ❸❹ ❺

❶ : VLOOKUP 함수의 첫 번째 인수이며, 검색하려는 값입니다. **❷**번으로 지정한 범위 중에서 첫 번째 열인 [A4:A29] 범위에서 검색합니다.

❷ : VLOOKUP 함수의 두 번째 인수이며, 검색하려는 기준 열부터 나타내려는 값이 들어있는 범위까지의 전체 범위입니다.

❸ : VLOOKUP 함수의 세 번째 인수이며, **❷**번으로 지정한 범위 중에서 첫 번째 열인 [A4:A29] 범위에서 **❶**로 지정한 검색 값을 찾아서 열 방향으로 몇 번째 열에 있는 값을 나타낼 것인지 지정합니다. 현재 5로 지정했으므로 [A4:A29] 셀 범위에서 [I4] 셀 값을 찾아서 우측으로 5번째 열인 [E4:E29] 셀 범위 중에서 값을 나타내게 됩니다.

❹ : VLOOKUP 함수의 네 번째 인수이며, 0(FALSE)으로 입력하면 **❷**번으로 지정한 범위 중에서 첫 번째 열인 [A4:A29] 범위에서 **❶**로 지정한 검색 값을 찾을 때 정확하게 일치하는 값을 찾게 됩니다.

❺ : VLOOKUP 함수의 결과로 찾은 값과 변경이 있는지 확인해 보려는 값입니다.

06 [셀 서식] 창에서 [채우기] 탭을 클릭한 다음 나타내려는 채우기 색을 선택하고 [확인]을 클릭합니다.

07 [새 서식 규칙] 창에서 [확인]을 클릭하면 원본과 다른 값이 있는 셀에 색이 채워져서 쉽게 구별할 수 있습니다.

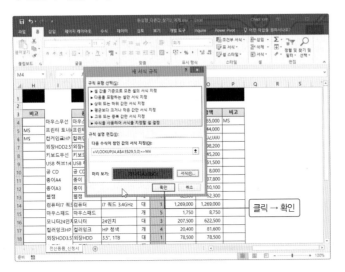

입력 순서가 다른 데이터에서
변경된 기록 전체를 찾아 표시하기

2007	2010	2013	2016	Office 365

입력 순서가 뒤죽박죽인 데이터에서 원본과 수량이 다른 기록 전체를 찾아서 색을 넣어 구분하는 방법에 대해 알아보겠습니다.

● **예제 파일** | 동일행_다른값_찾기3_예제.xlsx　**완성 파일** | 동일행_다른값_찾기3_완성.xlsx

01 데이터 입력 조건이 '품명'과 '규격'으로 다중 조건을 갖고 있는 데이터입니다. 따라서 파생 열을 만들어 조건을 하나로 만들겠습니다. A 열을 선택하고 마우스 오른쪽 버튼으로 클릭한 다음 [삽입]을 실행해서 열을 추가합니다.

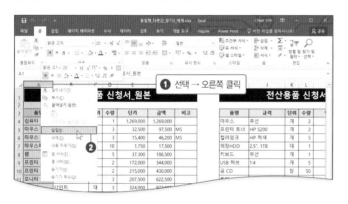

02 [A4] 셀에 =B4&C4로 입력한 뒤 해당 수식을 29행까지 복사합니다.

03 같은 요령으로 [I4] 셀을 선택하고 =J4&K4를 입력한 뒤 29행까지 수식을 복사해서 파생 열을 완성합니다.

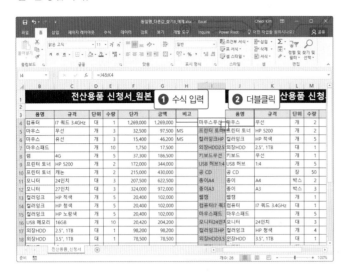

04 수식을 편하게 사용할 수 있도록 이름 정의를 하겠습니다. [A4:E29] 셀을 선택하고 [이름 상자]를 클릭한 뒤 '원본'이라고 입력한 후 Enter를 누릅니다.

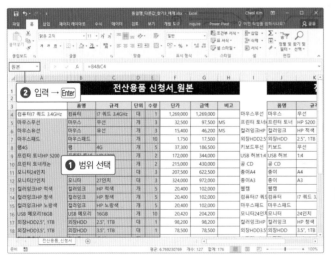

PLUS 데이터가 채워진 열 방향의 셀을 한 번에 선택하려면 단축키 Ctrl + Shift + ↓를 사용하세요.

05 원본과 수량이 다른 기록 전체를 나타낼 범위 [J4:P29] 셀을 선택하고 [홈] 탭 – [스타일] 그룹 – [조건부 서식] – [새 규칙]을 실행합니다.

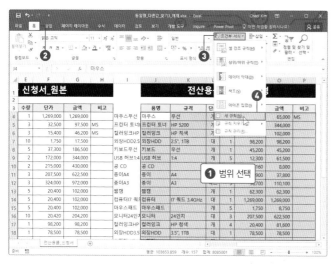

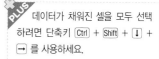

데이터가 채워진 셀을 모두 선택
하려면 단축키 [Ctrl] + [Shift] + [↓] +
[→] 를 사용하세요.

06 [새 서식 규칙] 창이 나타나면 규칙 유형을 '수식을 사용하여 서식을 지정할 셀 결정'으로 선택합니다. 그리고 수식 입력란에 =VLOOKUP($I4,원본,5,0)◇$M4로 입력하고 [서식]을 클릭합니다.

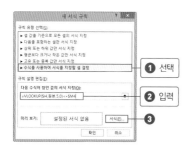

07 [셀 서식] 창의 [채우기] 탭에서 나타내려는 색을 선택하고 [확인]을 클릭합니다.

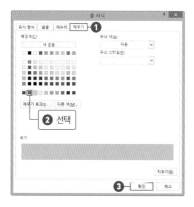

08 [새 서식 규칙] 창에서 [확인]을 클릭해서 닫습니다.

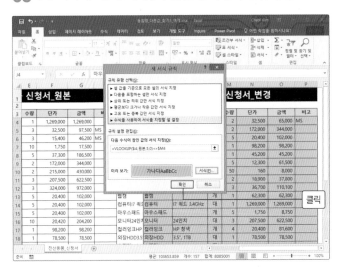

09 다음 그림처럼 원본의 수량과 비교해서 변경된 데이터의 기록 전체가 지정한 색으로 변경되었습니다.

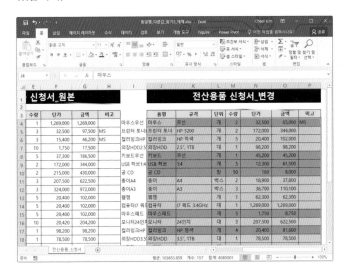

보이지 않는 개체 삭제해서
파일 용량 줄이기

2007	2010	2013	2016	Office 365

엑셀 파일 중에서 어떤 파일은 데이터도 그렇게 많지 않은데 용량이 크게 나타나는 경우를 자주 보게 됩니다. 이는 시트에 보이지 않는 개체 서식이 많기 때문입니다. 보이지 않는 개체를 일괄적으로 삭제해서 파일 용량을 줄이는 방법에 대해 알아보겠습니다.

◎ **예제 파일** | 개체삭제_예제.xlsx **완성 파일** | 개체삭제_완성.xlsx

01 예제 파일을 열고 [홈] 탭 – [편집] 그룹 – [찾기 및 선택] – [이동]을 실행합니다. [이동] 창이 나타나면 [옵션]을 클릭합니다.

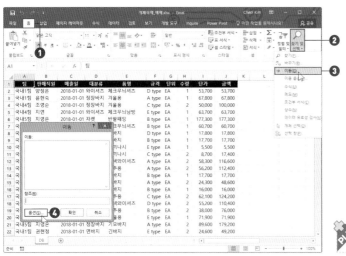

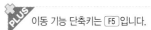
이동 기능 단축키는 F5 입니다.

02 [이동 옵션] 창에서 [개체]를 선택하고 [확인]을 클릭합니다.

03 시트에 보이지 않던 수많은 개체가 한꺼번에 선택된 채로 나타나는 것을 볼 수 있습니다. Delete를 한 번 눌러 모두 삭제하고 파일을 저장합니다.

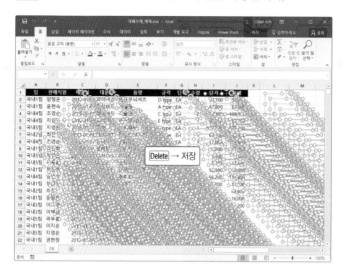

04 수많은 개체를 지운 크기만큼 파일 용량이 줄어든 것을 확인할 수 있습니다.

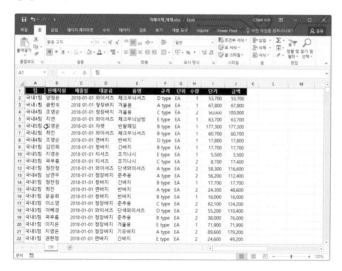

함수로 입력하지 않은 셀 찾아내기

2007	2010	2013	2016	Office 365

엑셀에 데이터를 입력할 때 모두 수식을 적용해서 값을 입력했다고 생각했는데, 자신도 모르게 특정 데이터 값을 문자로 입력한 경우도 종종 생깁니다. 함수 수식으로 산출한 값이 입력되어 있어야 할 부분이지만 문자로 입력된 데이터가 있는 때 찾아내는 방법에 대해 알아보겠습니다.

◎ **예제 파일** | 함수로_입력하지_않은셀_찾기_예제.xlsx ☒ **완성 파일** | 함수로_입력하지_않은셀_찾기_완성.xlsx

01 예제 파일을 열고 [홈] 탭 − [편집] 그룹 − [찾기 및 선택] − [이동]을 실행합니다. [이동] 창이 나타나면 [옵션]을 클릭합니다.

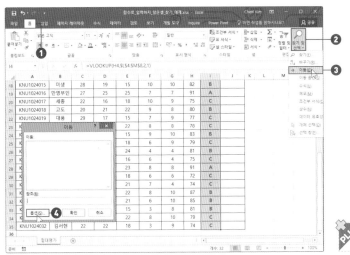

PLUS 이동 기능 단축키는 F5 입니다.

02 [이동 옵션] 창에서 [상수]를 선택하고 [확인]을 클릭합니다.

159

03 시트로 돌아와 [홈] 탭 – [글꼴] 그룹 – [채우기 색]을 클릭하고 셀을 구별할 수 있는 적당한 색을 선택합니다. 선택 범위 중에서 함수 수식으로 산출한 값이 아니라 문자로 입력된 데이터만 표시됩니다.

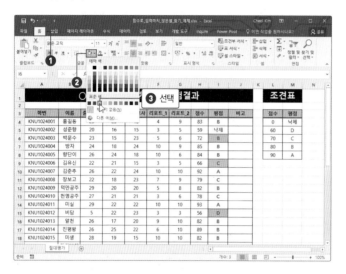

신청 수량이 변경된 데이터만 빠르게 찾아서 표시하기

2007	2010	2013	2016	Office 365

엑셀 시트에 작성한 두 개의 표에서 달라진 값만을 빨리 찾아내거나 비교하는 일이 의외로 많습니다. 이때 실수 없이 빠르게 변경된 데이터만을 표시하는 방법을 알아보겠습니다.

◎ **예제 파일** | 동일행_다른값_찾기1_예제.xlsx　**완성 파일** | 동일행_다른값_찾기1_완성.xlsx

01 예제를 열어 보면 시트 왼쪽에는 원본 데이터가 표로 정리되어 있습니다. 그리고 오른쪽에는 신청 수량이 변경된 자료가 있습니다. 원본 자료와 비교해서 신청 수량이 변경된 부분만 구별되도록 표시하겠습니다. 먼저 [L4:L29] 셀을 선택하고 [Ctrl]을 누른 상태에서 [D4:D29] 셀을 선택합니다.

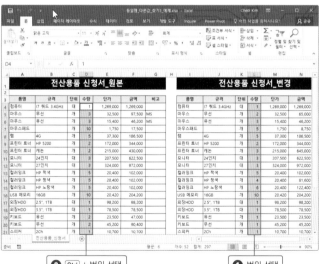

❷ [Ctrl] + 범위 선택　　❶ 범위 선택

> **PLUS** 비교할 데이터의 열이 서로 떨어져 있을 때, 변경된 내용을 오른쪽 변경 데이터 영역에 표시하려면 먼저 결과가 표시될 셀 범위인 [L4:L29] 셀을 선택한 후 비교할 셀 범위인 [D4:D29] 셀을 선택해야 합니다.

02 [홈] 탭 - [편집] 그룹 - [찾기 및 선택] - [이동]을 실행합니다. 이동할 범위를 선택하기 위해 [이동] 창의 [옵션]을 클릭합니다.

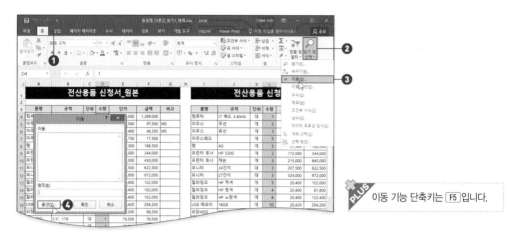

이동 기능 단축키는 F5 입니다.

03 [이동 옵션] 창에서 [동일 행에서 값이 다른 셀]을 선택하고 [확인]을 클릭합니다.

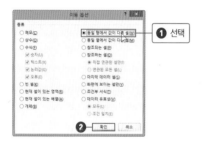

❶ 선택

04 시트에는 같은 행에서 값이 서로 다른 셀이 선택되어 있습니다. 이 상태에서 [홈] 탭 - [글꼴] 그룹 - [채우기 색]에서 적당한 색을 선택합니다. 그러면 다음 그림처럼 원본과 다른 데이터만 쉽게 구별할 수 있습니다.

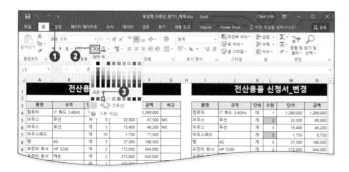

TIP

050

옵션 설정

문서 입력

빠른 설정

셀 서식

함수 입력

수식 입력

키 조작

표 기능

이동 및 찾기

인쇄

사진화

기타

엑셀로 작업할 때 중요한 내용이거나 다시 확인해야 할 부분이 있다면 임의로 셀의 서식을 변경해서 표시해 두는 경우가 많습니다. 이때 다른 셀과 구별되도록 표시해 둔 데이터만을 선택해서 다른 곳에 발췌하는 손쉬운 방법에 대해 알아보겠습니다.

❂ 예제 파일 | 같은서식_데이터_골라내기_예제.xlsx   완성 파일 | 같은서식_데이터_골라내기_완성.xlsx

01 예제에서 [금액]이 표시된 J 열 중에서 색이 채워진 데이터만 골라내고 싶습니다. 먼저 [홈] 탭 - [편집] 그룹 - [찾기 및 선택] - [찾기]를 실행합니다.

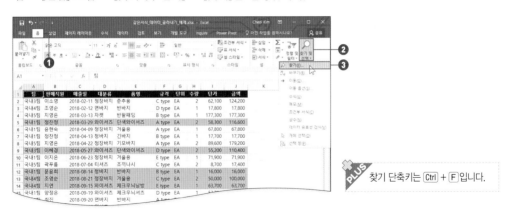

PLUS 찾기 단축키는 Ctrl + F 입니다.

02 [찾기 및 바꾸기] 창이 나타나면 우선 [옵션]을 눌러서 확장합니다. [서식] 오른쪽의 드롭다운 버튼(▼)을 누르고 [셀에서 서식 선택]을 클릭합니다.

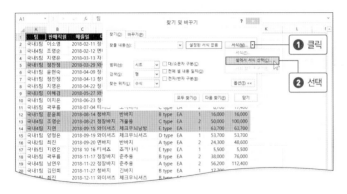

1 클릭

2 선택

03 시트에서 같은 서식이 설정되어 있는 [J5] 셀을 클릭합니다. 그런 다음 [모두 찾기]를 클릭합니다.

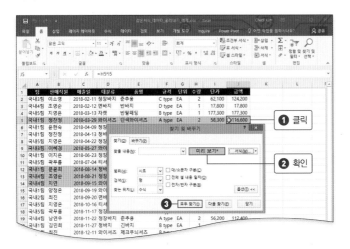

04 Ctrl + A를 눌러 찾은 셀 범위를 모두 선택합니다. 선택이 완료되면 [닫기]를 클릭해서 시트로 이동합니다.

05 찾은 셀이 선택되어 있습니다. 이 상태에서 Ctrl + C를 눌러서 복사한 다음 [L2] 셀을 선택하고 붙여 넣습니다. 그러면 같은 서식이 적용된 셀의 데이터만 발췌됩니다.

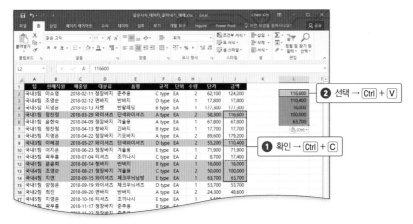

데이터에 입력된 특정 값을
일괄적으로 변경하기

| 2007 | 2010 | 2013 | 2016 | Office 365 |

많은 양의 데이터 중에서 특정 값을 다른 값으로 손쉽게 일괄 변경하는 방법을 알아보겠습니다. 그리고 엑셀의 대표문자를 다른 문자로 변경할 때 자주 발생하는 대표문자의 변경 문제도 해결해보겠습니다.

◉ **예제 파일** | 특정값_변경하기_예제.xlsx **완성 파일** | 특정값_변경하기_완성.xlsx

01 예제를 열고 A 열 데이터 중 '빔'이란 글씨를 'Beam'으로 변환하려고 합니다. 먼저 변환할 데이터가 들어있는 셀 범위인 [A4:A9] 셀을 선택하고 [홈] 탭 – [편집] 그룹 – [찾기 및 선택] – [바꾸기]를 실행합니다.

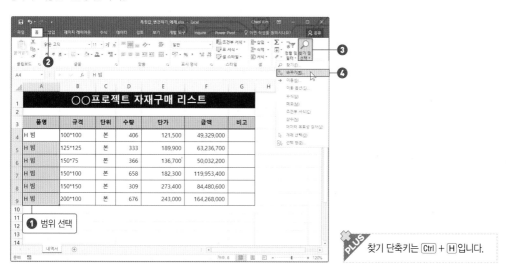

PLUS 찾기 단축키는 Ctrl + H입니다.

02 [찾기 및 바꾸기] 창에서 [찾을 내용]에는 '빔', [바꿀 내용]에는 'Beam'을 입력하고 [모두 바꾸기]를 클릭합니다.

03 데이터가 모두 변환되면 메시지 박스에서 몇 개가 바뀌었는지 결과를 알려줍니다. 메시지 박스는 [확인]을 클릭한 후 [닫기]를 눌러서 [찾기 및 바꾸기] 창을 닫습니다.

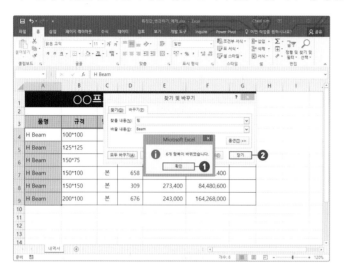

04 이번에는 B 열의 데이터 중에서 '*'를 'x'로 변경하려고 합니다. [B4:B9] 셀을 선택하고 Ctrl + H 를 눌러 찾기 및 바꾸기를 실행하고 [찾을 내용]에는 '*'를 입력하고 [바꿀 내용]에는 'x'를 입력한 후 [모두 바꾸기]를 클릭합니다.

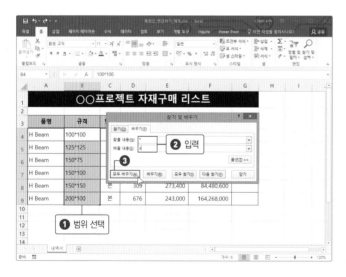

05 선택한 셀 범위에서 '*'만 변경되지 않고 모든 데이터가 'x'로 변경되었습니다. Ctrl + Z 를 눌러 실행 전으로 되돌립니다.

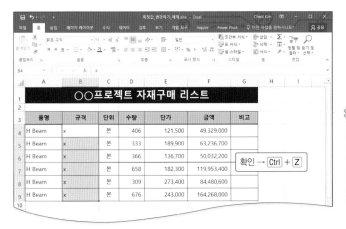

엑셀에서 사용하는 대표문자는 *
와 ?가 있습니다. 이런 대표문자를 다
른 문자로 변환할 때는 반드시 접두어
를 포함해서 입력해야 합니다. 접두어
는 ~를 이용합니다.

06 다시 [B4:B9] 셀을 선택하고 Ctrl + H 를 눌러 [찾기 및 바꾸기] 창을 불러옵니다. [찾을 내용]에는 '~*'를 입력하고 [바꿀 내용]에는 'x'를 입력한 후 [모두 바꾸기]를 클릭합니다.

07 다음 그림처럼 대표문자에 접두어를 넣어서 변환하니 정상적으로 변경되었습니다.

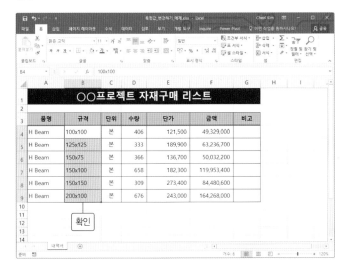

08 이번에는 접두어인 ~문자를 변경하는 방법을 알아보겠습니다. [찾기 및 바꾸기] 창이 열려 있는 상태로 [B4:B9] 셀을 선택합니다. 그리고 [찾을 내용]에는 'x'를 입력하고 [바꿀 내용]에는 '~'를 입력한 후 [모두 바꾸기]를 클릭합니다. 메시지 박스가 나오면 [확인]을 클릭해서 닫습니다.

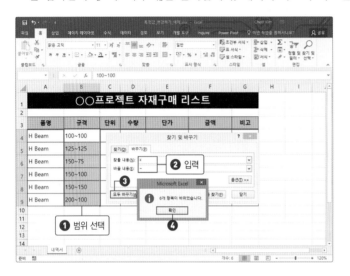

09 [B4:B9] 셀이 선택된 상태로 [찾을 내용]에는 '~'를 입력하고 [바꿀 내용]에는 '–'를 입력한 후 [모두 바꾸기]를 클릭합니다. 다음과 같이 오류 메시지가 나타나는 것을 확인할 수 있습니다.

PLUS ~문자는 대표문자의 변환 접두어라고 했습니다. 이런 접두어를 다른 문자로 변환할 때 ~문자만 입력하면 변경해야 할 대상인지 대표문자의 접두어인지 확인할 수 없게 됩니다. 따라서 ~문자를 대표문자인 것처럼 여기도록 접두어 ~를 하나 더 넣어서 찾을 내용에 ~~를 입력해야 합니다.

10 [B4:B9] 셀이 선택된 상태로 [찾기 및 바꾸기] 창에서 [찾을 내용]에는 '~~'를 입력하고 [바꿀 내용]에는 '–'를 입력한 후 [모두 바꾸기]를 클릭합니다.

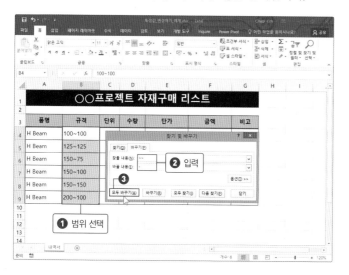

11 다음 그림처럼 대표문자의 접두어가 정상적으로 변경된 것을 확인할 수 있습니다.

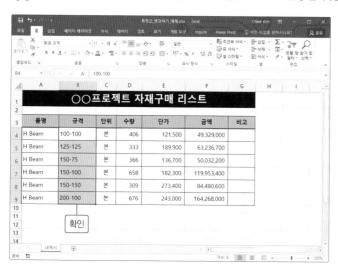

여러 시트에 들어있는
특정 데이터를 찾아서 일괄 변경하기

TIP
052

2007	2010	2013	2016	Office 365

찾기 및 바꾸기를 사용하면 특정 데이터를 일괄적으로 변경할 수 있습니다. 만약 변경할 데이터가 하나의 시트에 있지
않고 두 개 이상의 시트에 있을 때는 어떻게 변경해야 할까요? 여기서는 다중 시트에 있는 데이터를 찾기 및 바꾸기로
일괄 변경하는 방법을 알아보겠습니다.

◉ 예제 파일 | 여러시트_특정값_일괄변경하기_예제.xlsx 완성 파일 | 여러시트_특정값_일괄변경하기_완성.xlsx

01 예제를 열면 데이터가 들어 있는 세 개의 시트를 확인할 수 있습니다. 세 개 시트의 모든 데
이터에서 '빔'을 'Beam'으로 변경하려고 합니다. 임의의 셀을 선택하고 Ctrl + H를 눌러 [찾기 및
바꾸기] 창을 불러옵니다.

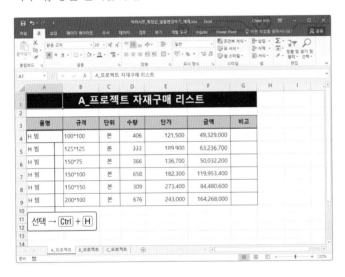

02 [찾을 내용]에는 '빔'을 입력하고 [바꿀 내용]에는 'Beam'을 입력한 후 [옵션]을 클릭합니다.

03 [범위]의 드롭다운 버튼(▼)을 클릭해서 [통합 문서]를 선택하고 [모두 바꾸기]를 클릭합니다.

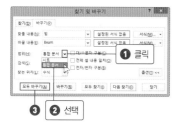

04 [메시지] 창은 [확인]을 클릭해서 닫고 [찾기 및 바꾸기] 창도 닫습니다. 모든 시트에서 '빔'이 모두 'Beam'으로 변경된 것을 확인할 수 있습니다.

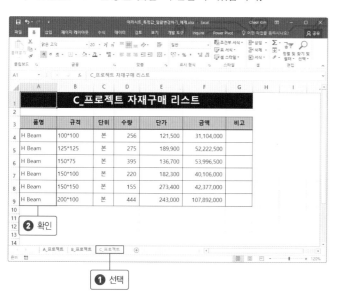

값의 크기를
시각적인 데이터 막대로 표시하기

| 2007 | 2010 | 2013 | 2016 | Office 365 |

데이터 정보를 한두 번의 마우스 클릭만으로 쉽게 시각화하는 방법이 있습니다. 그중에서 데이터 값의 크기에 따라 막대로 표시하는 조건부 서식의 데이터 막대 활용법에 대해 알아보겠습니다.

● 예제 파일 | 조건부서식_데이터막대_예제.xlsx   완성 파일 | 조건부서식_데이터막대_완성.xlsx

01 셀에 입력한 값을 이용해서 셀 안에 조건부 서식의 데이터 막대를 사용할 것인데, 이때 막대가 표시될 영역을 먼저 선택해야 합니다. [D4:D8] 셀을 선택합니다.

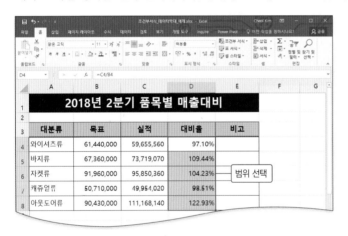

02 [홈] 탭 - [스타일] 그룹 - [조건부 서식] - [데이터 막대]에서 적당한 색을 선택하면 됩니다. 여기서는 [단색 채우기] - [파랑 데이터 막대]를 선택해서 표시했습니다.

값의 크기에 따라 달라지는
평점 아이콘 표시하기

| 2007 | 2010 | 2013 | 2016 | Office 365 |

값의 크기를 쉽게 확인할 수 있도록 만드는 조건부 서식은 다양한 규칙을 적용해서 표현할 수 있습니다. 이번 예제는 여러 개로 분류된 상품의 판매대비율을 아이콘으로 표시하는 방법에 대해 설명합니다.

◉ **예제 파일** | 조건부서식_아이콘집합_예제.xlsx **완성 파일** | 조건부서식_아이콘집합_완성.xlsx

01 예제를 열고 10행부터 작성해 놓은 조건에 맞춰 판매대비율을 아이콘으로 표시해 보겠습니다. 먼저 아이콘으로 표시할 [D4:D8] 셀을 선택하고 [홈] 탭 – [스타일] 그룹 – [조건부 서식] – [아이콘 집합] – [기타 규칙]을 선택합니다.

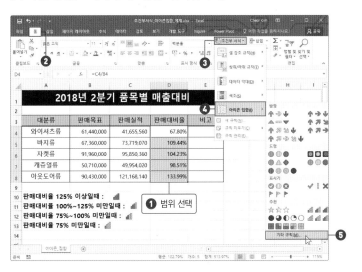

02 [새 서식 규칙] 창이 나타나면 [아이콘 스타일]을 확장해서 아이콘을 선택합니다. 여기서는 [평점 4]를 선택했습니다.

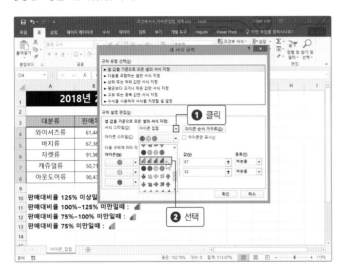

03 [새 서식 규칙] 창이 [평점 4] 아이콘 스타일을 편집할 수 있도록 변경됩니다. [백분율]로 되어 있는 종류를 모두 [숫자]로 변경합니다.

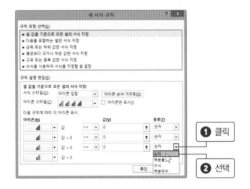

04 값을 입력하는 입력란에는 10행부터 적성해 두었던 조건을 입력합니다. 가장 위쪽 입력란부터 '125%, 100%, 75%'를 각각 입력하고 [확인]을 클릭합니다.

1 각각 입력

PLUS 값을 입력할 때 백분율 기호(%)까지 모두 입력하면 입력란에는 소수점으로 표시됩니다.

05 결과를 확인하면 판매대비율에 따라서 각각 다른 평점 아이콘이 삽입됩니다.

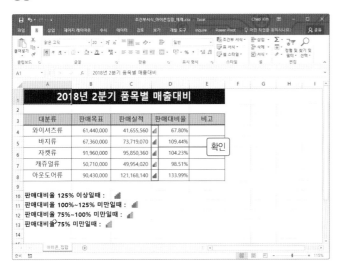

보고서의 빈 셀에
간단한 추이 곡선 표시하기

TIP
055

| 2007 | 2010 | 2013 | 2016 | Office 365 |

보고서를 작성한 다음 데이터의 추이를 시각적으로 표현하려고 합니다. 그런데 거창한 차트를 그리기보다 간략한 추이 곡선을 데이터 옆에 넣고 싶을 때가 있습니다. 이때 빈 셀에 차트를 넣어서 시각화하는 스파크라인에 대해 알아보겠습니다. 참고로 이 기능은 엑셀 2010 버전부터 지원됩니다.

⊕ **예제 파일** | 셀에_표시하는_추이곡선_예제.xlsx **완성 파일** | 셀에_표시하는_추이곡선_완성.xlsx

01 스파크라인도 조건부 서식처럼 범위를 먼저 선택해야 합니다. 예제의 J 열에 추이 곡선을 나타내려고 합니다. [J5:J18] 셀을 선택하고 [삽입] 탭 – [스파크라인] 그룹 – [꺾은선형]을 선택합니다.

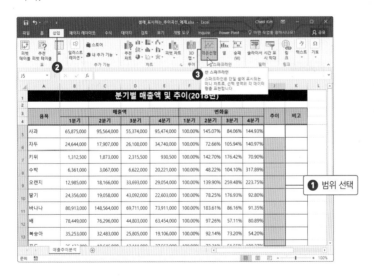

02 [스파크라인 만들기] 창이 나타나면 [데이터 범위]는 시트에서 [F5:I18] 셀을 드래그해서 채우고 [확인]을 클릭합니다.

03 다음 그림처럼 분기별 변화를 추이 곡선으로 보여줍니다.

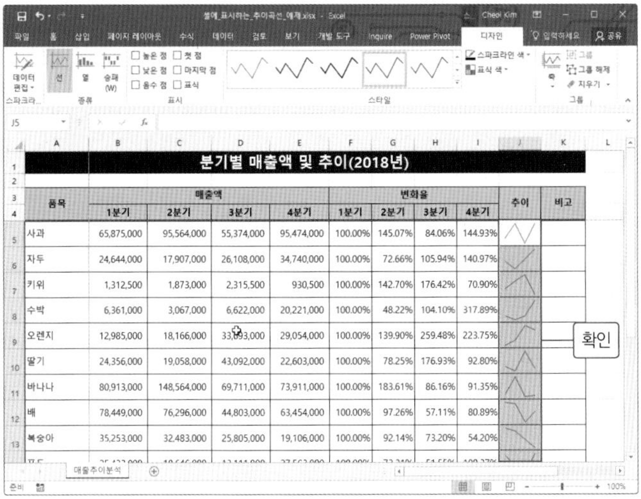

엑셀 설정

문자 입력

빠른 설정

셀 서식

수식 입력

키 조작

표 기능

이동 및 찾기

시각화

기타

투명한 배경 이미지 만들기

2007	2010	2013	2016	Office 365

엑셀 시트에 그림을 삽입한 다음 특정 색을 투명하게 만들면 좋겠다고 생각한 적이 종종 있을 것입니다. 엑셀에서 가능할까요? 지금부터 삽입한 그림에서 불필요한 색을 투명하게 만드는 방법에 대해 알아보겠습니다.

예제 파일 | 투명한_배경이미지_만들기_예제.xlsx   **완성 파일** | 투명한_배경이미지_만들기_완성.xlsx

01 예제에 삽입된 MC 그룹 CI에서 흰색 배경을 투명하게 변경하려고 합니다. 흰색 배경색이 투명하게 변한 것을 잘 확인할 수 있도록 배경의 채우기 색을 주황색으로 지정했습니다.

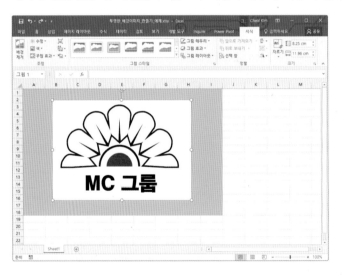

02 먼저 삽입된 그림을 선택합니다. [서식] 탭 – [조정] 그룹 – [색] – [투명한 색 설정]을 클릭합니다.

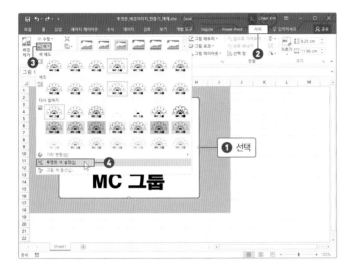

03 그림 위에 마우스 커서를 올리면 펜 모양(✏)으로 변경됩니다. 투명하게 만들 흰색 배경을 클릭하면 투명하게 변경되어 그림 뒤의 배경색이 나타납니다.

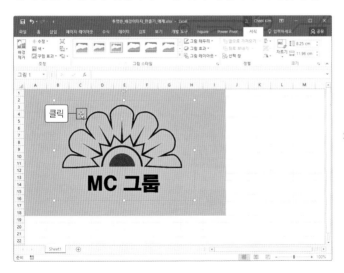

> **PLUS** 이미지의 배경을 투명하게 만들 때 더 세밀하게 설정하려면 [서식] 탭 – [조정] 그룹의 [배경 제거]를 사용하면 됩니다. [배경 제거]에는 '보관한 영역 표시'와 '제거할 영역 표시' 기능이 있어서 더 꼼꼼하게 배경을 지울 수 있습니다.

사용자가 지정한 최대 입력 값만 받도록 설정하기

| 2007 | 2010 | 2013 | 2016 | Office 365 |

데이터를 입력할 때 오타가 생기거나 조건과 맞지 않는 값을 입력해서 오류가 생기는 경우가 종종 있습니다. 그래서 특정 범위에 입력할 조건을 사용자가 직접 설정하면 간단히 해결됩니다. 설정한 조건에 부합되는 데이터만을 입력받을 수 있도록 하는 데이터 유효성 검사를 어떻게 사용하는지 알아보겠습니다.

● 예제 파일 | 숫자만_입력하기_예제.xlsx   완성 파일 | 숫자만_입력하기_완성.xlsx

01 예제를 열면 [L4:M8] 셀에 구분별 최대 점수가 작성되어 있습니다. [C4:G16] 셀 사이에 0점부터 구분별 최대 점수까지만 데이터가 입력되도록 지정하려고 합니다. 먼저 출석 점수를 입력할 첫 번째 범위인 [C4:C16] 셀을 선택합니다.

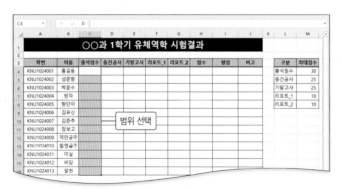

02 [데이터] 탭 – [데이터 도구] 그룹 – [데이터 유효성 검사]를 클릭합니다.

03 [데이터 유효성] 창의 [설정] 탭에서 [제한 대상]은 '정수'로 지정하고 [최소값]은 '0'을 [최대값]은 '30'으로 입력하고 [확인]을 클릭합니다.

04 중간고사와 기말고사는 최대 점수가 모두 25점으로 같기 때문에 한꺼번에 지정할 수 있습니다. 데이터 입력 범위인 [D4:E16] 셀을 선택하고 [데이터] 탭 – [데이터 도구] 그룹 – [데이터 유효성 검사]를 실행합니다. [데이터 유효성] 창의 [설정] 탭에서 [제한 대상]은 '정수'로 지정하고 [최소값]은 '0'을 [최대값]은 '25'로 입력하고 [확인]을 클릭합니다.

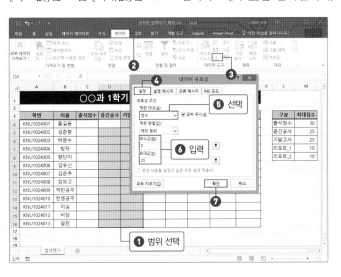

옵션 설정

문자 입력

빠른 설정

셀 서식

수식 입력

키 조작

표 기능

이동 맞 찾기

시간편

기타

05 리포트_1과 리포트_2도 최대 점수가 모두 10점으로 같습니다. 데이터 입력 범위인 [F4:G16] 셀을 선택하고 [데이터] 탭 – [데이터 도구] 그룹 – [데이터 유효성 검사]를 실행합니다. [데이터 유효성] 창의 [설정] 탭에서 [제한 대상]은 '정수'로 지정하고 [최소값]은 '0'을 [최대값]은 '10'으로 입력하고 [확인]을 클릭합니다.

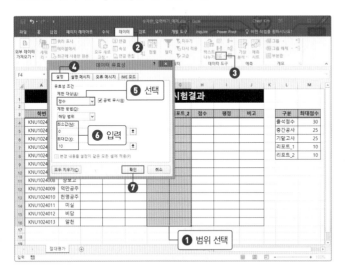

06 학생별로 점수의 합계를 산출합니다. [H4] 셀을 선택하고 =SUM(C4:G4) 수식을 입력합니다.

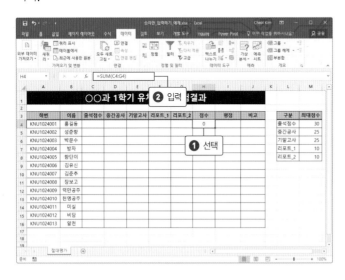

07 [H4] 셀의 채우기 핸들(+)을 더블클릭해서 수식을 모두 채웁니다.

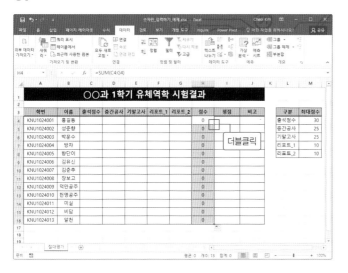

08 사용자가 최대 점수로 설정한 범위의 데이터만 입력되는지 확인해 보겠습니다. [C4] 셀을 선택하고 '31'을 입력한 후 Enter를 누르면 다음과 같이 오류 메시지가 나타납니다. 출석 점수의 최대 점수를 30점으로 설정했기 때문입니다.

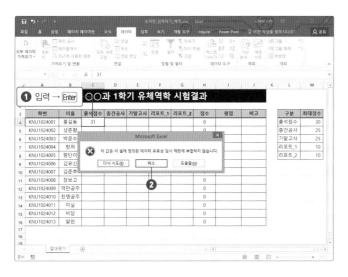

수식이 입력된 셀을
수정이나 삭제할 수 없게 보호하기

2007	2010	2013	2016	Office 365

많은 고민과 시행착오를 거쳐 수식을 완성해서 엑셀 보고서를 만들었는데 누군가 잘못해서 수식을 수정하거나 삭제할 수도 있습니다. 그래서 수식을 입력한 셀을 보호하려고 합니다. 수식이 입력된 셀에 암호를 설정해서 수정이나 삭제할 수 없도록 하는 시트 보호 방법에 대해 알아보겠습니다.

◉ **예제 파일** | 수식셀_보호하기_예제.xlsx **완성 파일** | 수식셀_보호하기_완성.xlsx

01 예제를 열고 전체 셀의 잠금을 먼저 해제한 다음 보호할 셀만 잠금을 설정해야 합니다. A 열과 1 행이 교차하는 부분(◢)을 클릭해서 시트의 모든 셀을 선택합니다.

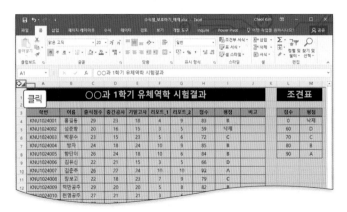

02 임의의 셀을 마우스 오른쪽 버튼으로 클릭한 다음 [셀 서식]을 실행합니다.

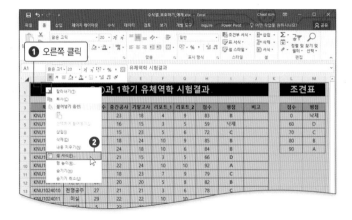

03 [셀 서식] 창의 [보호] 탭에서 [잠금]의 체크를 해제하고 [확인]을 클릭합니다.

04 수식이 들어있어 보호가 필요한 셀만 선택하겠습니다. [홈] 탭 – [편집] 그룹 – [찾기 및 선택] – [이동]을 실행합니다.

05 [이동] 창에서 [옵션]을 클릭합니다. [이동 옵션] 창이 나타나면 [수식]을 선택하고 [확인]을 클릭합니다.

옵션 설정

문서 입력

빠른 설정

셀 서식

수식 입력

키 조작

표 기능

이동 및 찾기

시각화

기타

06 선택된 범위를 마우스 오른쪽 버튼으로 클릭한 다음 [셀 서식]을 실행합니다.

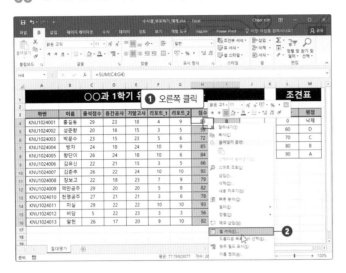

07 [셀 서식] 창의 [보호] 탭에서 [잠금]을 체크하고 [확인]을 클릭합니다.

08 [검토] 탭 – [보호] 그룹 – [시트 보호]를 실행합니다.

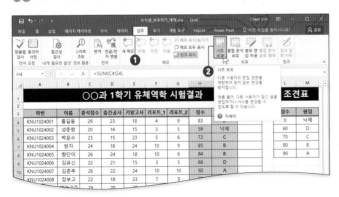

09 [시트 보호 해제 암호]를 '123'으로 입력한 후 [확인]을 클릭합니다. [암호 확인] 창에서 다시 한 번 암호를 입력하고 [확인]을 클릭합니다.

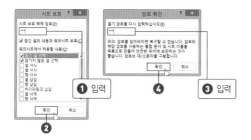

10 시트로 와서 수식이 입력된 임의의 셀을 선택하고 [Delete]를 누르면 다음과 같이 오류가 나타나는 것을 확인할 수 있습니다.

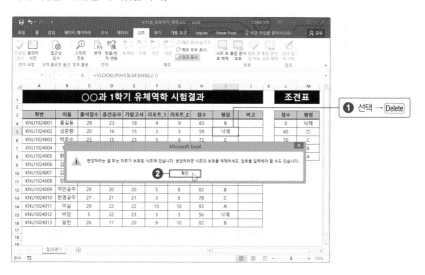

시트 보호 옵션

[시트 보호] 창에서 [잠긴 셀 선택]의 체크를 해제하면 수식이 입력된 셀 자체를 선택하지 못하게 됩니다.

자신만 아는 암호를 설정해서
파일 보호하기

| 2007 | 2010 | 2013 | 2016 | Office 365 |

대외비 자료가 외부로 유출되더라도 파일에 암호를 걸어 놓으면 암호를 모르는 사람은 파일에 접근할 수 없습니다. 파일에 접근하는 것 자체를 힘들게 만드는 방법에 대해 알아보겠습니다.

▶ **예제 파일** | 파일_보호하기_예제.xlsx   **완성 파일** | 파일_보호하기_완성.xlsx

01 예제를 열고 [파일] 탭 - [다른 이름으로 저장]을 실행한 다음 저장할 폴더를 지정합니다.

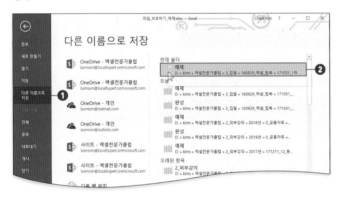

02 [다른 이름으로 저장] 창이 나타나면 오른쪽 아래의 [도구]의 드롭다운 버튼(▼)을 클릭하고 [일반 옵션]을 선택합니다.

03 [일반 옵션] 창에서 [열기 암호]에 암호를 '123'으로 입력하고 [확인]을 클릭합니다. [암호 확인] 창이 나오면 다시 한 번 암호를 입력하고 [확인]을 클릭합니다.

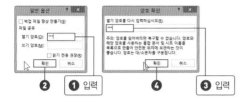

04 [다른 이름으로 저장] 창에서 [저장]을 눌러 저장합니다. 그런 다음 탐색기를 실행해서 저장한 파일을 다시 열면 [암호] 창이 먼저 나타납니다. 이때 설정했던 암호를 입력하고 [확인]을 클릭하면 파일이 열립니다.

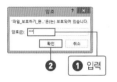

05 암호를 설정한 파일이 열린 것을 확인할 수 있습니다.

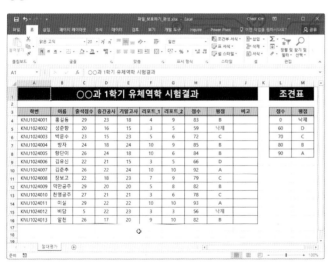

옵션 설정

문자 입력

빠른 설정

셀 서식

수식 입력

키 조작

표 기능

이동 및 찾기

시간화

기타

이름 정의를 활용한 쉬운 수식 만들기

TIP

060

2007	2010	2013	2016	Office 365

엑셀을 자주 사용하면 수식을 봐도 쉽게 이해할 수 있을 뿐 아니라 수정해서 쓰기도 합니다. 하지만 익숙지 않은 사람은 입력된 수식을 이해하는 것도 어렵게 느낍니다. 이때 셀 주소가 아닌 이름 정의를 사용해서 수식을 만들면 이해하기 쉬운 직관적인 수식이 됩니다. 이름 정의와 수식의 활용법에 대해 알아보겠습니다.

⊕ 예제 파일 | 이름정의_활용하기_예제.xlsx   **완성 파일** | 이름정의_활용하기_완성.xlsx

01 예제를 열고 [L2] 셀에 =SUM(J2:J779)로 수식을 입력합니다. 일반적으로 셀 주소를 참조해서 합계 수식을 입력한 방법입니다.

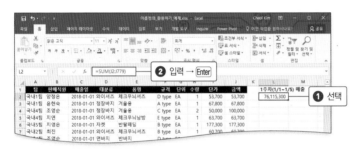

02 이름 정의를 사용한 입력 방법을 알아보겠습니다. 먼저 이름 정의를 만들 첫 번째 셀인 [J2] 셀을 선택하고 [이름 상자]를 클릭한 뒤 마지막 셀 주소인 'J779'를 입력합니다.

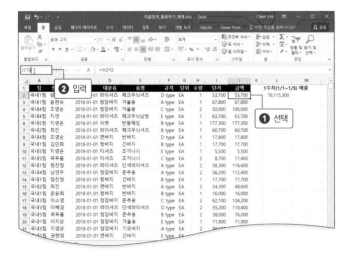

03 Shift + Enter를 눌러 범위를 선택하고 [이름 상자]를 클릭해서 '첫주'라고 입력한 후 Enter를 누릅니다.

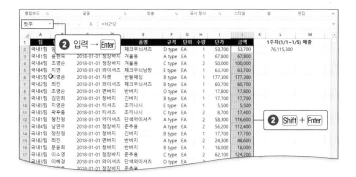

04 [L3] 셀을 선택하고 =SUM(첫주)라고 수식을 입력한 후 Enter를 누릅니다. 셀 주소를 참조해서 만든 수식과 같은 결과가 나타납니다.

05 정의된 이름 정의가 생각나지 않을 때는 [이름 붙여넣기]를 이용하면 됩니다. [L4] 셀을 선택하고 =SUM(까지 입력한 다음 F3을 누르면 현재 파일에서 정의해 놓은 이름 정의가 모두 열거됩니다. 이 창에서 입력할 이름 정의를 더블클릭하거나 선택한 후 [확인]을 클릭합니다. 수식에 이름 정의한 '첫주'까지 입력되면 Enter를 누릅니다.

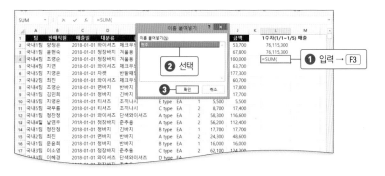

06 셀 주소 참조, 이름 정의, 이름 붙여넣기를 활용한 세 가지 방법의 결과가 모두 같습니다.

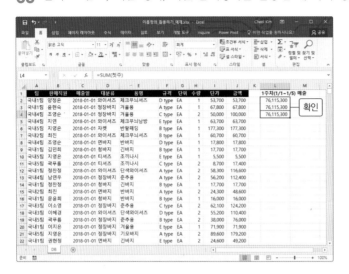

시트에서 이름 정의로 지정한 범위만 빠르게 선택하려면 [이름 상자]를 클릭하고 '첫주'라고 입력한 뒤 Enter를 누르기만 하면 됩니다.

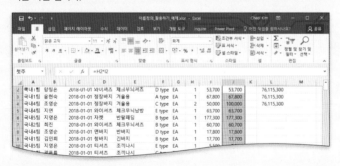

이름 정의에 사용할 수 없는 금칙어 알아보기

이름 정의 중 금칙어에 대해 알아보겠습니다. 셀 범위를 선택하고 [이름 상자]에 숫자 '1일'을 입력한 뒤 Enter를 누릅니다. 다음과 같이 오류가 나타납니다.

이렇듯 이름 정의를 할 때 첫 글자는 숫자로 입력할 수 없습니다. 물론 전체 글자가 숫자여도 안 됩니다. 또 셀 주소와 혼동될 수 있는 A1과 같은 문자도 입력할 수 없습니다. 마지막으로 특수 문자도 입력할 수 없으니 잘 기억하세요.

DB를 활용해서
크로스탭 보고서 양식 빠르게 만들기

2007	2010	2013	2016	Office 365

직장인들이 가장 많이 하는 업무는 각종 분석 보고서를 작성하는 일입니다. 이때 데이터베이스 자료를 활용하게 되는데 수작업으로 크로스탭 항목을 만든다면 꼭 넣어야 할 항목을 누락시키거나 오타를 내기도 합니다. 오타를 내거나 누락된 항목이 생기지 않게 빠르게 크로스탭 보고서로 만드는 방법에 대해 알아보겠습니다.

◐ 예제 파일 | 크로스탭_보고서_양식작성법_예제.xlsx   완성 파일 | 크로스탭_보고서_양식작성법_완성.xlsx

01 [양식작성] 시트에 개인별, 지역별 매출 현황 보고서를 만들려고 합니다. 이때 누락되는 항목이 없도록 데이터베이스의 자료를 이용하는 게 좋습니다. 먼저 데이터베이스로 활용할 [DB] 시트에서 [직원], [담당지역] 필드 데이터를 모두 선택해서 복사합니다.

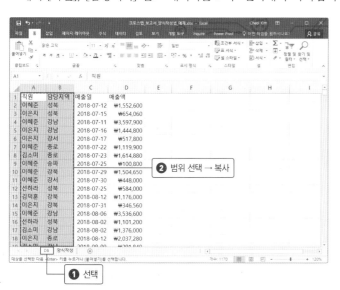

02 [양식작성] 시트로 가서 양식을 작성할 첫 번째 셀인 [A3] 셀을 선택하고 붙여 넣습니다.

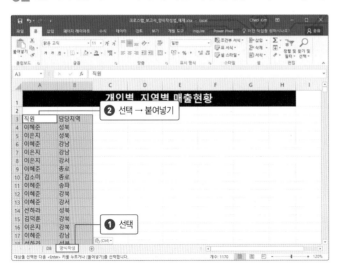

03 보고서를 작성하기 위해서 복사해둔 두 개의 필드에서 고유한 값을 골라내야 합니다. 먼저 직원부터 진행하겠습니다. [A3] 셀을 선택하고 Ctrl + Shift + ↓ 를 눌러 해당 열의 데이터를 모두 선택합니다. [데이터] 탭 – [데이터 도구] 그룹 – [중복된 항목 제거]를 실행합니다.

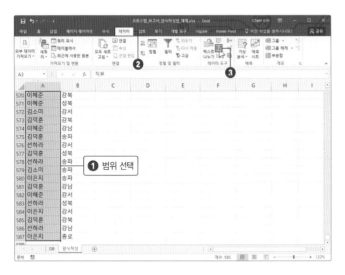

04 [중복된 항목 제거 경고] 창이 나타나는데 보고서를 작성하려면 각각의 필드를 따로 진행해야 합니다. 여기서는 [현재 선택 영역으로 정렬]을 선택하고 [중복된 항목 제거]를 클릭합니다.

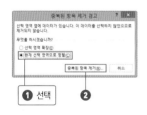

① 선택 ②

> **PLUS** [중복된 항목 제거 경고] 창이 나타나는 이유는 선택 범위와 인접한 셀에도 데이터가 있다면 그 부분까지 확장해서 중복된 항목 제거를 진행할건지의 묻는 창입니다.

05 [중복 값 제거] 창은 현재 범위의 필드 이름이나 열을 다시 한 번 보여주는데 확인했다면 [확인]을 클릭합니다. 중복된 값을 검색해서 제거했다는 메시지 창이 나타나면 [확인]을 클릭해서 닫습니다.

① 확인 ② 확인

③

06 같은 방법으로 [담당지역]도 중복된 항목을 제거합니다. [B3] 셀을 선택하고 Ctrl + Shift + ↓를 눌러 데이터 범위를 모두 선택합니다.

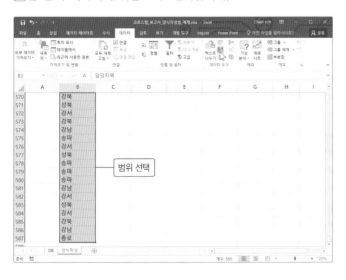

범위 선택

07 [데이터] 탭 – [데이터 도구] 그룹 – [중복된 항목 제거]를 실행합니다. [현재 선택 영역으로 정렬]을 선택하고 [중복된 항목 제거]를 클릭합니다.

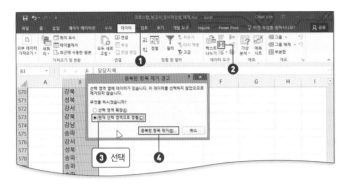

08 중복된 항목 제거 대상 필드를 재확인 후 [확인]을 클릭합니다. 결과 메시지 창도 [확인]을 클릭해서 닫습니다.

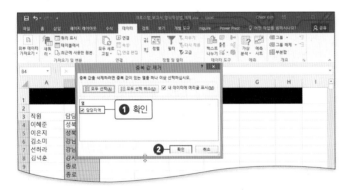

09 [담당지역] 데이터를 [B3] 셀을 기준으로 오른쪽 가로 방향으로 배치해야 하므로 [B4:B9] 셀을 선택하고 복사합니다.

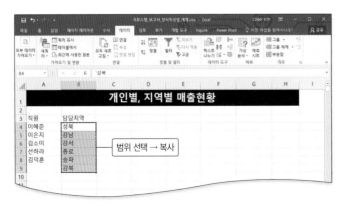

10 붙여 넣을 [B3] 셀을 선택하고 마우스 오른쪽 버튼으로 클릭한 다음 [선택하여 붙여넣기]를 실행합니다.

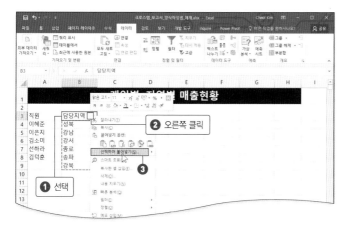

11 [선택하여 붙여넣기] 창이 나타나면 [행/열 바꿈]을 체크하고 [확인]을 클릭합니다.

12 [B4:B9] 셀을 다시 선택해서 Delete 를 눌러 삭제하고 [H3] 셀에 '비고'를 입력한 후 Enter 를 누릅니다.

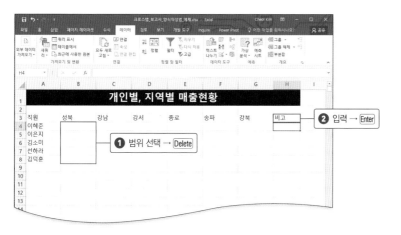

13 괘선을 넣어서 표 형태로 만들기 위해 Ctrl + A를 눌러 연속된 전체 범위를 선택합니다. [홈] 탭 – [글꼴] 그룹 – [테두리] – [모든 테두리]를 클릭합니다.

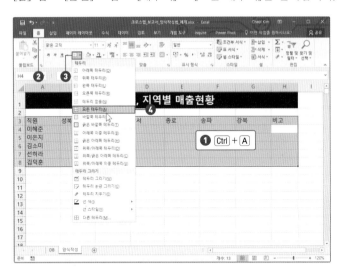

14 [A3] 셀에 데이터를 다중 행으로 입력한 다음 사선을 넣겠습니다. [A3] 셀을 선택하고 스페이스바를 적당히 누른 뒤 '지역'을 입력합니다. 그리고 Alt + Enter를 누르고 '직원'을 입력한 뒤 Enter를 누릅니다.

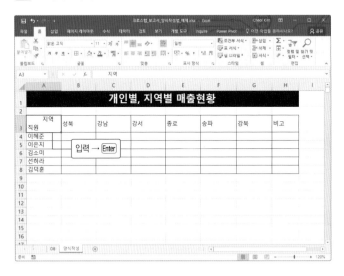

15 [A3] 셀을 선택하고 마우스 오른쪽 버튼을 클릭해서 [셀 서식]을 실행합니다.

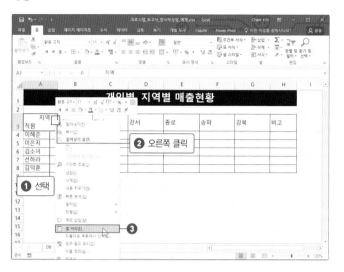

16 [셀 서식] 창의 [테두리] 탭에서 오른쪽 아래의 [사선 테두리]를 클릭하고 [확인]을 클릭합니다. 이렇게 해서 크로스탭 형태의 보고서 양식을 완성했습니다.

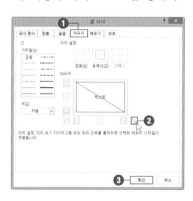

크로스탭 보고서의 행/열 양식을 손쉽게 변경하기

2007	2010	2013	2016	Office 365

일반적으로 가장 많이 작성하는 보고서 형태는 크로스탭 형태입니다. 이 크로스탭 보고서 서식에서 가로, 세로를 서로 바꿀 때 일일이 옮겨서 입력하지 않고도 빠르고 쉽게 변경하는 방법을 알아보겠습니다.

◉ 예제 파일 | 보고서_양식변경_예제.xlsx **완성 파일** | 보고서_양식변경_완성.xlsx

01 우선 예제에서 변경하려는 보고서 범위인 [A3:H8] 셀을 선택하고 복사합니다.

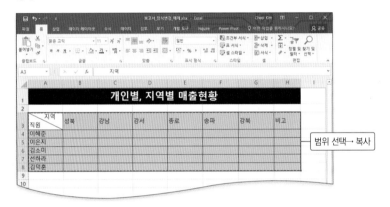

02 보고서 양식을 변경하기 위해 [A10] 셀을 선택한 다음 마우스 오른쪽 버튼을 클릭해서 [선택하여 붙여넣기]를 선택합니다.

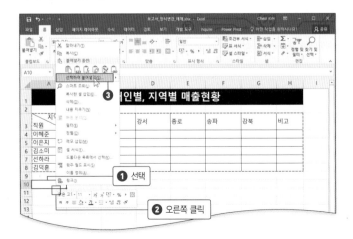

03 [선택하여 붙여넣기] 창이 나타나면 [행/열 바꿈]을 체크하고 [확인]을 클릭합니다.

❶ 선택

❷

04 행과 열이 서로 교차되어 입력되었습니다. 이때 데이터가 교차되는 기준 셀인 [A3] 셀의 내용은 변경되지 않습니다. [A10] 셀을 선택하고 '직원', '지역'을 변경하면 크로스탭을 손쉽게 수정할 수 있습니다.

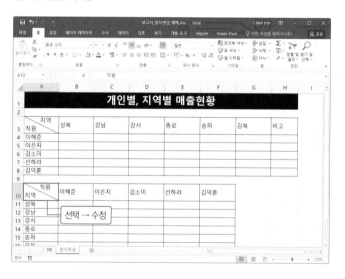

옵션 설정
문자 입력
열은 설정
셀 서식
수식 입력
키 조작
표 기능
이동 및 찾기
시각화
기타

셋째 마딩에서는 함수를 사용하시 않고도 다양한 현업 자료를 좀 더 쉽고 빠르게 집계하고 분석하는 내용을 다룹니다. 그리고 함수를 반드시 사용해야 한다면 어떻게 효과적으로 사용할 수 있는지를 익힙니다.

효과적인 자료 활용 방법과 다양한 활용 사례를 익혀서 자신이 갖고 있는 현업 자료에 적용해 보면 업무 효율과 생산성이라는 두 마리 토끼를 잡을 수 있을 것입니다.

업무 효율과
생산성 향상을 위한
현장 밀착 실무 활용!

페이지 설정으로
행/열 머리글을 포함시켜 인쇄하기

| 2007 | 2010 | 2013 | 2016 | Office 365 |

엑셀 파일을 인쇄하면 시트의 셀 편집 영역에 만들어 놓은 분석 결과만 출력됩니다. 그런데 업체 미팅을 진행하면서 분석 결과를 설명할 때 특정 셀 주소를 가리키며 말하는 경우도 생깁니다. 이때 행과 열의 머리글까지 포함시켜서 출력하면 훨씬 더 설명하기 편합니다. 여기서는 출력할 때 행/열 머리글을 포함해서 출력하는 방법을 알아보겠습니다.

◎ 예제 파일 | 행열_머리글_포함_출력_예제.xlsx   **완성 파일** | 행열_머리글_포함_출력_완성.xlsx

01 예제를 열고 [파일] 탭 – [인쇄]를 클릭하면 인쇄 미리보기 화면이 나타납니다.

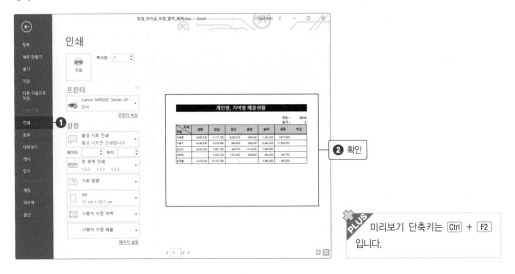

PLUS 미리보기 단축키는 Ctrl + F2 입니다.

02 일반적으로 함께 인쇄되지 않는 행/열 머리글을 포함시켜 출력하기 위해 [페이지 설정]을 클릭합니다.

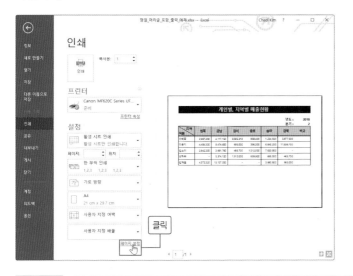

[페이지 설정] 그룹의 옵션 확장 버튼으로 [페이지 설정] 창 불러오기

[페이지 레이아웃] 탭 – [페이지 설정] 그룹의 오른쪽 아래에 있는 옵션 확장 버튼(🔲)을 클릭하면 해당 그룹의 모든 옵션을 설정할 수 있는 [페이지 설정] 창이 나타납니다. 이런 확장 버튼은 있는 그룹도 있고 없는 그룹도 있습니다.

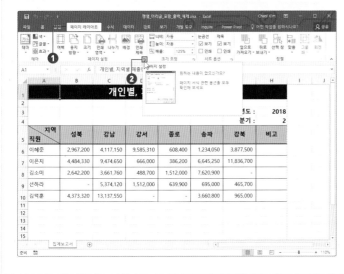

03 [페이지 설정] 창이 나타나면 [시트] 탭의 인쇄 항목에서 [행/열 머리글]에 체크하고 [확인]을 클릭합니다.

04 인쇄 미리보기를 보면 엑셀 시트에 있던 행/열 머리글이 출력물에 포함된 것을 확인할 수 있습니다.

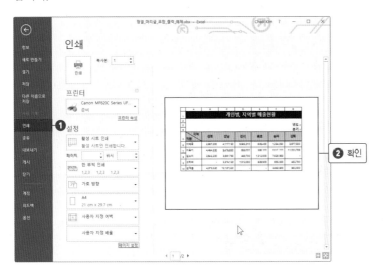

오류가 있는 셀은
출력되지 않도록 설정하기

| 2007 | 2010 | 2013 | 2016 | Office 365 |

엑셀 문서를 출력하기 전에 데이터를 확인하는 과정에서 오류(#REF!)가 포함되어 있는 경우가 있습니다. 이때 오류 트랩 함수(IFERROR)를 사용해서 오류가 있는 수식을 다른 문자로 바꿔서 출력합니다. 하지만 페이지 설정만으로도 오류 표시가 나타내지 않게 출력할 수 있는데 그 방법을 알아보겠습니다.

◉ **예제 파일** | 오류셀_출력하지_않기_예제.xlsx   **완성 파일** | 오류셀_출력하지_않기_완성.xlsx

01 예제를 보면 [B6] 셀을 포함한 여러 개의 셀에 오류(#REF!)가 표시되어 있습니다.

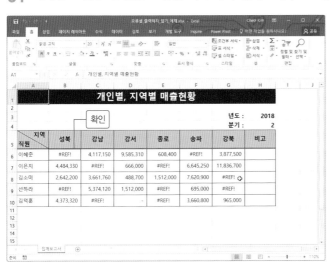

02 [파일] 탭 – [인쇄]를 클릭해서 인쇄 미리보기를 봐도 오류가 있는 셀이 그대로 표시되어 있습니다.

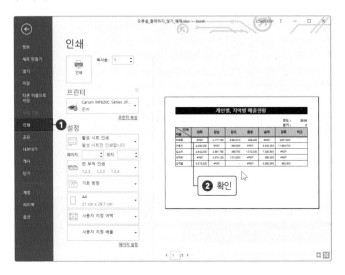

03 오류 셀을 출력물에 포함시키지 않기 위해서 [페이지 설정]을 실행해 보겠습니다. 시트로 다시 돌아가서 [페이지 레이아웃] 탭 – [페이지 설정] 그룹 오른쪽 아래에 있는 옵션 확장 버튼(⟐)을 클릭합니다.

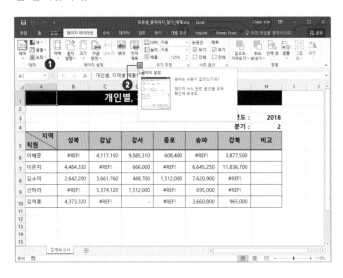

04 [페이지 설정] 창이 나타나면 [시트] 탭을 선택합니다. 인쇄 항목에서 [셀 오류 표시]를 〈공백〉으로 선택하고 [확인]을 클릭합니다.

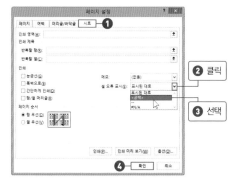

05 Ctrl + P를 눌러서 인쇄 미리보기 화면을 보면 오류가 있는 셀이 빈 셀로 나타납니다. 이렇게 인쇄하면 출력물에도 오류 표시가 나타나지 않습니다.

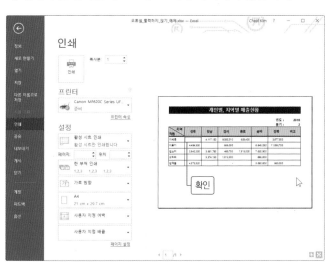

페이지 편집

표현 꾸미기

피벗 테이블

차트 보고서

함수

키 조작

표 기능

이동 및 찾기

시각화

기타

하나의 문서가 여러 장으로 출력될 때 인쇄 방향 설정하기

2007	2010	2013	2016	Office 365

하나의 시트로 작성한 문서를 인쇄할 때 한 페이지로 출력할 수 없으면 여러 페이지로 나뉘어 출력됩니다. 이때 인쇄되는 페이지 순서는 행 우선을 기준으로 설정되어 있어서 행 방향에 있는 데이터를 먼저 출력한 다음 다른 열로 이동해서 다시 행 방향의 데이터를 인쇄합니다. 출력물의 순서를 행 방향이 아니라 열 방향이 먼저 출력되게 설정하는 방법을 알아보겠습니다.

◎ **예제 파일** | 열방향_우선_출력하기_예제.xlsx **완성 파일** | 열방향_우선_출력하기_완성.xlsx

01 예제를 열고 [파일] 탭 – [인쇄]를 클릭하거나 또는 Ctrl + P를 눌러서 인쇄 미리보기 화면으로 이동합니다. 아래쪽 페이지 숫자를 확인하면 인쇄할 페이지가 모두 6페이지인 것을 확인할 수 있습니다.

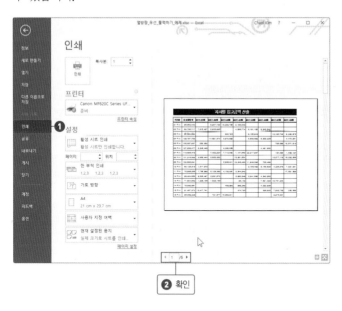

② 확인

02 아래쪽의 다음 페이지(▶)를 눌러 2페이지에 출력될 내용을 보면 행 방향의 데이터인 것을 확인할 수 있습니다. 그런데 열 방향에 있는 문서 데이터를 먼저 인쇄하고 싶습니다.

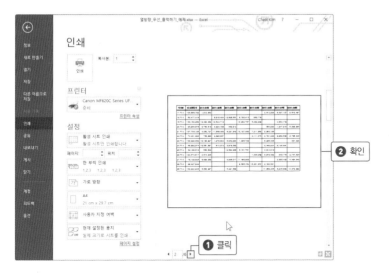

03 시트로 다시 돌아가서 [페이지 레이아웃] 탭 – [페이지 설정] 그룹 오른쪽 아래에 있는 옵션 확장 버튼(⬛)을 클릭합니다.

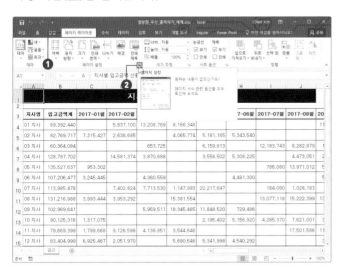

04 [페이지 설정] 창의 [시트] 탭을 클릭한 후 페이지 순서를 [열 우선]으로 체크하고 [확인]을 클릭합니다.

05 [파일] 탭 – [인쇄]를 선택하고 아래쪽의 다음 페이지(▶)를 클릭해서 2페이지에 인쇄될 내용을 확인해 보면 열 방향의 문서 데이터가 우선 출력되는 것을 확인할 수 있습니다.

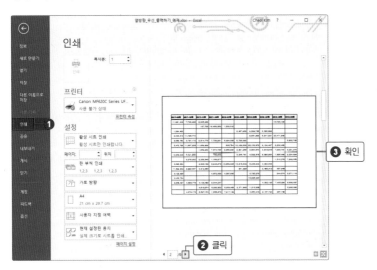

페이지 설정

출력물에 파일 경로와
파일명을 넣어서 인쇄하기

| 2007 | 2010 | 2013 | 2016 | Office 365 |

여러 가지 엑셀 작업을 마친 후 인쇄한 출력물을 보고 있으면 이 자료가 컴퓨터의 어느 폴더에 있는지 기억하기 쉽지 않습니다. 이런 경우 출력물 하단에 해당 파일의 폴더 경로나 파일명을 같이 출력하면 나중에 찾기가 매우 쉬워집니다. 출력물에 경로나 파일명이 함께 인쇄되도록 페이지를 설정하는 방법에 대해 알아보겠습니다.

⊙ **예제 파일** | 파일경로포함_출력_예제.xlsx   **완성 파일** | 파일경로포함_출력_완성.xlsx

01 예제를 열고 [페이지 레이아웃] 탭 – [페이지 설정] 그룹 오른쪽 아래에 있는 옵션 확장 버튼(⬚)을 클릭합니다.

02 [페이지 설정] 창이 나타나면 [머리글/바닥글] 탭으로 이동해서 [바닥글 편집]을 클릭합니다.

03 [바닥글] 창이 새로 나타납니다. 먼저 파일의 경로나 파일명이 나타날 구역을 '왼쪽, 가운데, 오른쪽' 중에서 선택합니다. 여기서는 왼쪽 구역이 선택되어 있어서 그대로 둡니다. 가운데 나열된 버튼 중에서 [파일 경로 삽입]을 클릭하고 [확인]을 눌러서 닫습니다.

04 [페이지 설정] 창을 닫은 후 Ctrl + P를 눌러서 인쇄 미리보기 화면을 확인합니다. 출력물의 아래쪽에 이 파일의 경로와 파일명이 표시되는 것을 확인할 수 있습니다.

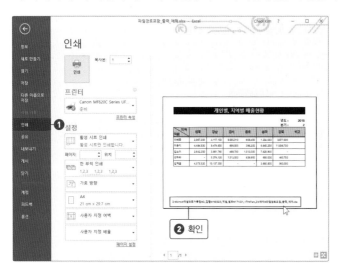

페이지 나누기 미리 보기로
인쇄 페이지 직접 설정하기

TIP

067

2007	2010	2013	2016	Office 365

작성한 자료를 출력하기 전에 [페이지 나누기 미리 보기]를 사용하면 원하는 인쇄 영역을 직접 설정할 수 있습니다. 작성한 자료를 장 단위로 수정해서 출력되도록 직접 영역을 설정하는 방법을 알아보겠습니다. 그리고 설정한 인쇄 영역을 초기화하는 손쉬운 방법도 알아보겠습니다.

◎ **예제 파일** | 페이지_설정_예제.xlsx **완성 파일** | 페이지_설정_완성.xlsx

01 예제 파일을 열면 개인별 분기별 매출 자료가 아래쪽으로 길게 작성되어 있습니다. 이런 문서를 인쇄하면 두 페이지에 걸쳐 출력되기 마련입니다. 사용자가 직접 인쇄될 페이지 영역을 수정하기 위해 나뉠 페이지를 미리 확인해 보겠습니다.

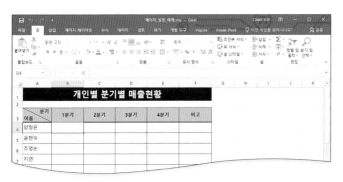

02 [보기] 탭 - [통합 문서 보기] 그룹 - [페이지 나누기 미리 보기]를 클릭합니다. 인쇄될 영역이 페이지별로 구분되어 나타납니다.

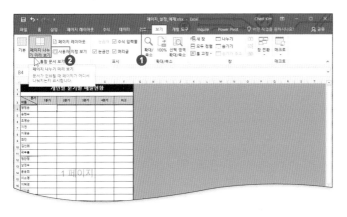

215

03 아래쪽으로 스크롤하면 2페이지로 이어지는 경계가 파랑색 점선으로 나타납니다. 이 점선은 [자동 페이지 나누기] 선이라고 하며, 마우스로 점선을 드래그해서 사용자가 페이지를 임의로 조정할 수 있습니다. 점선을 선택해서 위쪽으로 드래그한 뒤 마우스를 뗍니다.

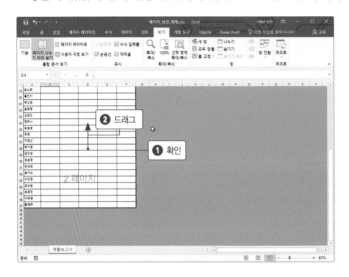

04 페이지의 경계가 손쉽게 바뀌는데 이때 파랑색 점선은 실선으로 변경됩니다. 이 실선을 [사용자 지정 페이지 나누기] 선이라고 합니다. 사용자가 임의로 페이지를 나누면 선은 실선으로 변경되는 것입니다.

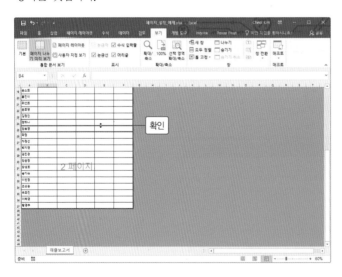

05 [보기] 탭 – [통합 문서 보기] 그룹 – [기본]을 클릭해서 시트를 기본 보기로 변경합니다.

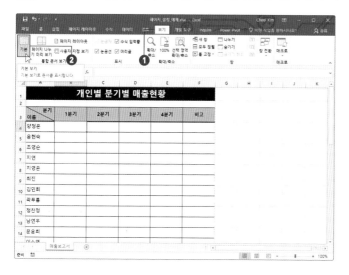

06 [파일] 탭 – [인쇄]를 클릭해서 미리보기를 확인합니다. [페이지 나누기 미리 보기]를 실행해서 사용자가 임의로 페이지 경계를 바꾼 설정이 그대로 적용되어 있습니다. 이렇게 원하는 인쇄 영역을 지정해서 출력할 수 있습니다.

07 사용자가 임의로 설정한 페이지 영역을 초기화해 보겠습니다. 편집하던 시트로 돌아가서 [페이지 레이아웃] 탭 - [페이지 설정] 그룹 - [나누기] - [페이지 나누기 모두 원래대로]를 클릭합니다.

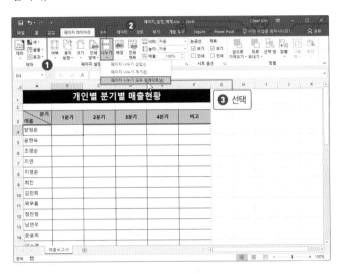

08 [파일] 탭 - [인쇄]를 클릭해서 미리보기를 확인해보면 인쇄 페이지 설정이 초기화된 것을 확인할 수 있습니다.

회사 CI가 워터마크로 인쇄되는
공문서 만들기

2007	2010	2013	2016	Office 365

회사나 관공서의 공문서를 보면 회사 CI가 워터마크로 함께 출력됩니다. 이런 형태의 워터마크는 문서 작업을 할 때는 보이지 않지만 인쇄하면 회사 로고 등이 글자 뒤에 나타납니다. 엑셀로도 이런 공문서 작업을 많이 하는데 엑셀에서 워터마크를 넣는 방법을 알아보겠습니다.

◐ **예제 파일** | 워터마크_예제.xlsx **완성 파일** | 워터마크_완성.xlsx

01 예제를 열고 [페이지 레이아웃] 탭 – [페이지 설정] 그룹 오른쪽 아래에 있는 옵션 확장 버튼(▣)을 클릭합니다.

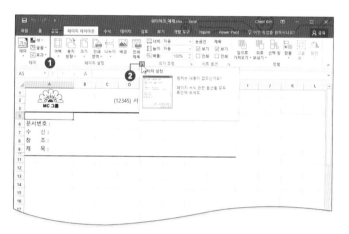

02 [페이지 설정] 창이 나타나면 [머리글/바닥글] 탭 – [머리글 편집]을 클릭합니다.

03 [머리글] 창에서 [가운데 구역]을 클릭한 뒤 [그림 삽입]을 클릭합니다.

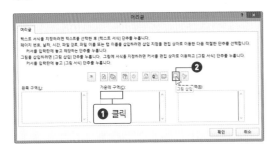

04 '그림을 로드하는 동안 잠시 기다려주세요.' 화면이 잠시 나타났다가 [그림 삽입] 창이 나타납니다. 첫 번째 항목인 [파일에서 찾아보기]를 클릭합니다.

> **PLUS** '그림을 로드하는 동안 잠시 기다려주세요.' 화면이 오래 지속되면 [그림 삽입] 창의 오른쪽 아래에 있는 [오프라인으로 작업]을 클릭해서 진행하세요.

05 [그림 삽입] 창이 나타나면 부록 CD에서 [Part_3] – [예제] 폴더로 이동합니다. 그런 다음 회사 CI로 활용한 'MC_Group_CI.jpg' 파일을 선택하고 [삽입]을 클릭합니다.

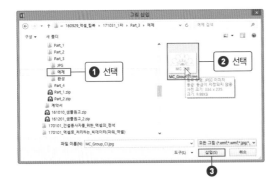

06 정상적으로 그림이 삽입되면 [머리글] 창의 [가운데 구역]에 그림이 삽입된 것을 나타냅니다. [확인]을 클릭해서 [머리글] 창을 닫습니다.

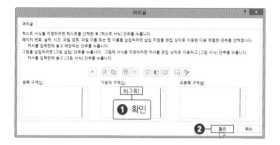

07 [페이지 설정] 창도 [확인]을 클릭해서 닫은 후 Ctrl + P를 눌러서 인쇄 미리보기 화면을 확인합니다. 삽입한 이미지가 인쇄될 페이지 상단에 워터마크로 표시됩니다.

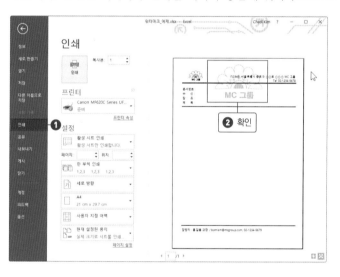

페이지 설정

고급 필터

피벗 테이블

차트 보고서

함수

기초차트

표 기능

이동 맞추기

시각화

기타

08 회사 CI를 문서 가운데로 배치하기 위해 오른쪽 아래에 있는 [여백 표시] 아이콘(▦)을 클릭합니다.

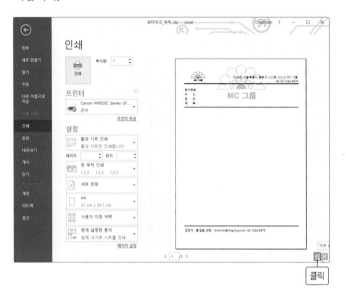

클릭

09 페이지 여백에 선이 나타납니다. 맨 위쪽에 있는 선이 머리글의 여백을 나타내는 선입니다. 이 선 위에 커서를 올리면 커서 모양이 위아래 화살표 모양으로 바뀝니다.

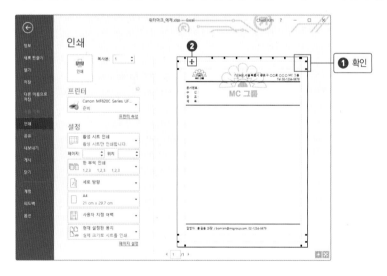

❶ 확인

10 머리글의 여백 선을 아래쪽으로 드래그해서 회사 CI를 적당한 위치에 배치시킵니다. 이제 이 문서를 인쇄하면 출력물에 회사 CI가 워터마크로 포함된 채로 출력됩니다.

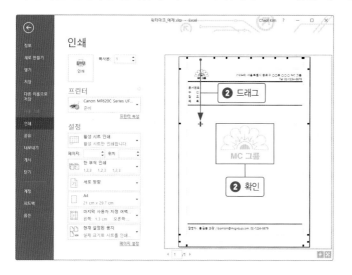

11 시트로 다시 돌아와서 해당 시트를 보면 워터마크로 넣은 머리글 이미지가 나타나지 않습니다. 이렇게 설정해 놓고 문서를 다시 작성하면 됩니다.

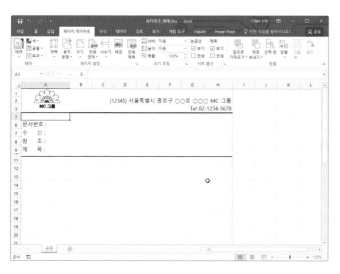

특정 값이 포함된 데이터 필터링해서 걸러내기

2007	2010	2013	2016	Office 365

회사 시스템에서 매출 자료를 다운로드해서 왼쪽 몇 번째, 혹은 오른쪽 몇 번째까지의 값이 포함된 데이터를 모두 출력해야 할 때가 있습니다. 이런 경우 와일드카드 문자를 사용해서 고급 필터의 조건으로 만들어 필터링하는 방법을 알아보겠습니다.

◑ **예제 파일** | 와일드카드_사용_필터_예제.xlsx   **완성 파일** | 와일드카드_사용_필터_완성.xlsx

01 예제에서 송장번호가 정리되어 있는 L 열의 데이터를 보면 일련번호가 날짜로 표기되어 있습니다. 이때 송장번호가 '180331'로 시작하는 데이터를 필터링하려고 합니다.

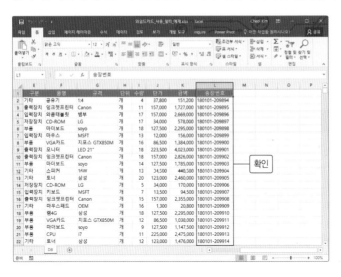

페이지 설정

피벗 테이블

차트 보고서

함수

기초작

표 기능

이동 및 찾기

시각화

기타

02 사용하지 않은 [N1] 셀을 선택하고 필터링하려는 필드 이름으로 '송장번호'를 입력합니다.

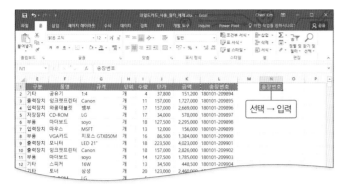

선택 → 입력

03 [송장번호] 필드에서 180331로 시작하는 모든 데이터를 필터링하기 위해 [N2] 셀에 '180331*'을 입력합니다.

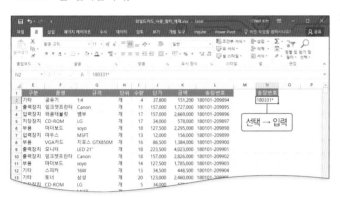

선택 → 입력

PLUS 180331 이후에 어떤 글씨가 와도 모두 필터링해야 하므로 180331*로 입력한 것입니다. 만약 특정 자릿수를 지정해서 필터링할 때는 '?' 문자를 사용해야 합니다. 예를 들어, 앞쪽 두 글자는 어떠한 문자라도 상관없이 모두 필터링하고 중간 글자는 0331을 포함, 그리고 마지막은 어떤 문자이건 모두 필터링한다면 ??0331*으로 입력하면 됩니다.

04 데이터베이스 중에서 임의의 셀을 선택하고 [데이터] 탭 - [정렬 및 필터] 그룹 - [고급]을 클릭합니다.

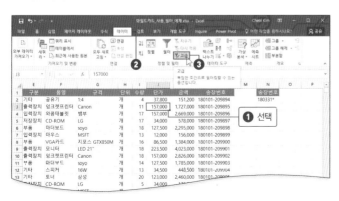

① 선택

05 [고급 필터] 창이 나타나면 [다른 장소에 복사]를 체크합니다. 그런 다음 [목록 범위] 입력란을 클릭하고 [DB] 시트의 임의의 셀을 하나만 클릭한 뒤 Ctrl + A 를 눌러 [A1:L30108] 셀까지 모두 입력합니다.

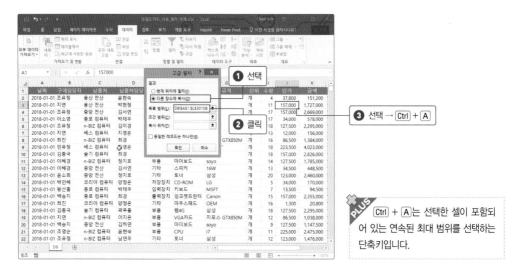

06 [조건 범위] 입력란을 클릭하고 [N1:N2] 셀을 드래그해서 지정합니다. 그리고 [복사 위치] 입력란에는 'P1'을 입력한 뒤 [확인]을 클릭합니다.

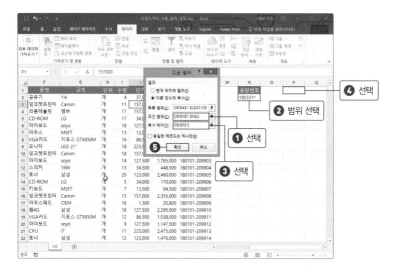

226

07 송장번호가 입력된 필드에서 180331로 시작하는 모든 데이터가 걸러져 [P1] 셀 오른쪽에 복사되었습니다. 이때 날짜 필드처럼 열 너비보다 데이터 길이가 긴 열은 #####으로 표시됩니다. 전체 데이터 범위를 열 너비에 맞추기 위해 P 열부터 AA 열까지 전체 열을 선택합니다. 그런 다음 열 인덱스 사이에 커서를 옮겨 좌우 화살표 모양의 커서로 변경되면 더블클릭합니다.

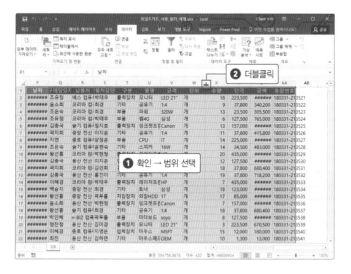

08 데이터 너비에 맞게 자동으로 열 너비가 맞춰졌습니다.

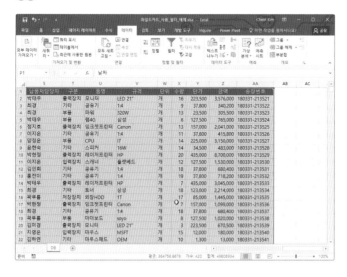

특정 기간의 날짜 범위에 속하는
데이터만 필터링하기

2007	2010	2013	2016	Office 365

다운로드한 매출 데이터 중에서 특정 기간에 발생한 매출만 집계하기 위해서 설정한 날짜 범위에 있는 데이터만 필터링하는 경우가 있습니다. 고급 필터를 사용해서 추출하려는 기간에 맞는 데이터만 필터링하는 방법을 알아보겠습니다.

● **예제 파일** | 임의의기간_필터_예제.xlsx   **완성 파일** | 임의의기간_필터_완성.xlsx

01 예제를 열고 필터링할 날짜의 범위를 입력하기 위해 [N1:O1] 셀을 선택하고 필드 이름으로 '날짜'를 각각 입력합니다.

02 '2018년 4월 7일'부터 '2018년 4월 13일'까지의 기간 데이터만을 필터링하려고 합니다. [N2] 셀에는 〉=2018-04-07를 입력하고 [O2] 셀에는 〈=2018-04-13을 입력합니다.

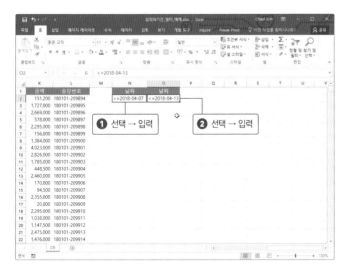

03 데이터베이스 중에서 임의의 셀을 선택하고 [데이터] 탭 – [정렬 및 필터] 그룹 – [고급]을 클릭해서 고급 필터를 실행합니다.

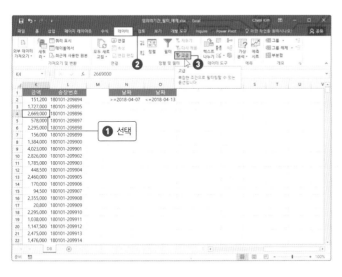

페이지 설정

홈 탭 편집

피벗 테이블

차트 보고서

함수

키 조작

표 기능

이동 및 찾기

시각화

기타

04 [고급 필터] 창이 나타나면 [다른 장소에 복사]를 선택하고 [목록 범위] 입력란을 클릭한 뒤 [DB] 시트에서 임의의 셀을 하나만 클릭합니다. Ctrl + A 를 눌러 [A1:L30108] 셀까지 모두 입력합니다.

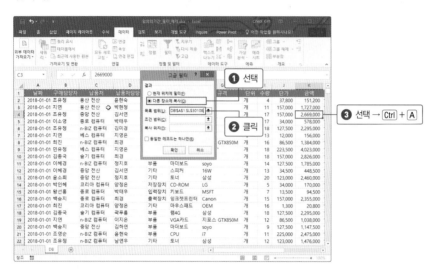

05 [조건 범위]는 [N1:O2] 셀까지 드래그해서 범위를 입력하고 [복사 위치]는 'Q1'을 입력한 뒤 [확인]을 클릭합니다.

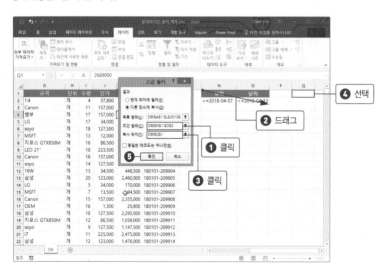

06 Q 열부터 AB 열까지 전체 열을 선택하고 열 인덱스 사이에 커서를 이동시켜 좌우 화살표 모양으로 변경되면 더블클릭합니다.

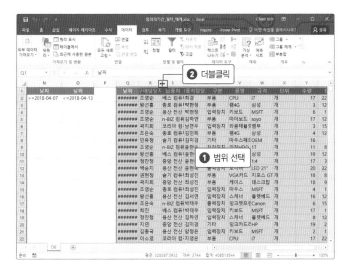

07 지정한 기간의 매출 데이터만 걸러져서 복사된 것을 확인할 수 있습니다.

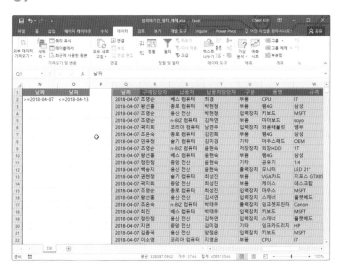

고급 필터로 필터링한 데이터를
다른 시트에 나타내기

2007	2010	2013	2016	Office 365

일반적으로 고급 필터로 필터링한 데이터를 다른 시트에 나타내려고 하면 오류가 납니다. 이때 필터링한 결과 데이터를 오류가 생기지 않게 다른 시트에 나타내는 방법을 알아보겠습니다.

ⓞ **예제 파일** | 다른시트에_고급필터_결과_나타내기_예제.xlsx　**완성 파일** | 다른시트에_고급필터_결과_나타내기_완성.xlsx

01　예제의 데이터베이스에서 납품처는 '용산 전산', 구분은 '기타', 날짜는 '2018년 4월 10일'부터 '4월 15일' 사이의 데이터만 필터링하려고 합니다. 먼저 조건 필드 이름으로 [N1] 셀에는 '납품처', [O1] 셀에는 '구분', [P1:Q1] 셀에는 '날짜'를 입력합니다.

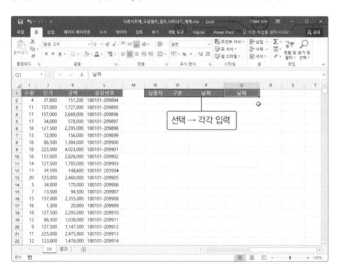

02 필드에 맞는 조건을 입력합니다. [N2] 셀에는 '용산 전산', [O2] 셀에는 '기타', [P2] 셀에는 >=2018-04-10, [Q2] 셀에는 <=2018-04-15로 조건 데이터를 입력합니다.

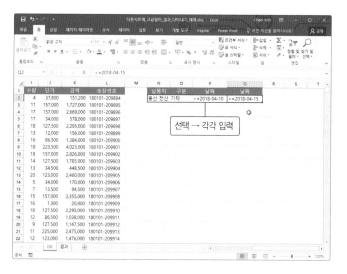

03 필터링한 결과 값을 나타낼 [결과] 시트를 선택하고 [데이터] 탭 - [정렬 및 필터] 그룹 - [고급]을 클릭합니다.

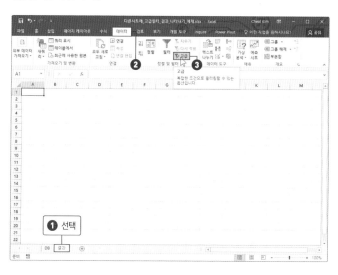

> **PLUS**
> 고급 필터의 결과를 다른 시트에 나타내려면 반드시 결과가 나타날 시트를 먼저 선택한 뒤 고급 필터를 실행해야 합니다.

페이지 설정

고급 필터

피벗 테이블

차트 보고서

함수

키 조작

표 기능

이동 및 찾기

시각화

기타

04 [고급 필터] 창이 나타나면 [다른 장소에 복사]를 선택하고 [목록 범위] 입력란을 클릭한 후 데이터가 있는 [DB] 시트를 클릭해서 이동합니다. 데이터 중 임의의 셀을 클릭하고 Ctrl + A를 눌러 전체 데이터 범위를 입력합니다.

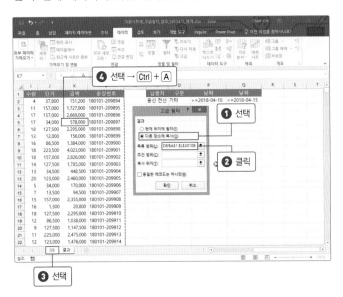

05 [조건 범위] 입력란을 선택한 뒤 [DB] 시트의 [N1:Q2] 셀을 입력하고 마지막으로 [복사 위치]는 [결과] 시트의 [A1] 셀을 더블클릭해서 선택한 뒤 [확인]을 클릭합니다.

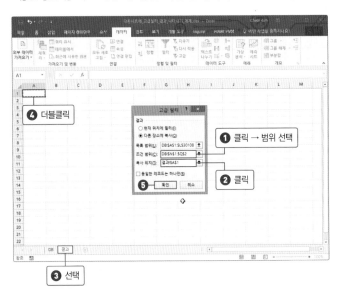

06 다음 그림처럼 [DB] 시트가 아닌 [결과] 시트에 필터링한 결과가 나타납니다.

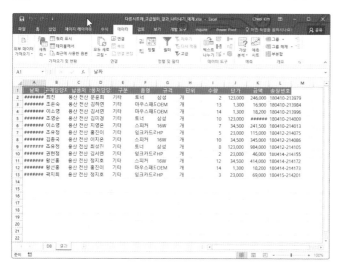

07 [결과] 시트의 A 열부터 L 열까지 전체 열을 선택합니다. 그리고 열 인덱스 사이로 커서를 이동시켜 좌우 화살표 모양으로 커서가 바뀌면 더블클릭해서 열 너비를 조정합니다.

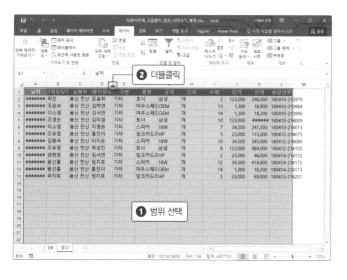

페이지 설정

고급 필터

피벗 테이블

차트 보고서

함수

기초차

표 기능

이동 및 찾기

시간화

기타

2개 이상의 다중 조건에 맞는
데이터 필터링하기

| 2007 | 2010 | 2013 | 2016 | ▶ Office 365 |

고급 필터 기능으로 하나의 필드 조건에 맞는 데이터만 필터링할 수 있는 것은 아닙니다. 여러 개의 필드에 분포되어 있는 다양한 조건을 만들어서 그 조건에 맞는 데이터를 한꺼번에 필터링하는 방법을 알아보겠습니다.

◉ **예제 파일** | 다중조건_데이터필터_결과_예제.xlsx **완성 파일** | 다중조건_데이터필터_결과_완성.xlsx

01 예제를 열고 여러 가지 조건에 맞는 데이터를 필터링하기 위해 우선 필터의 기준 필드를 입력합니다. [N1] 셀에는 '납품처', [O1] 셀에는 '구분', [P1:Q1] 셀에는 '날짜'를 각각 입력합니다.

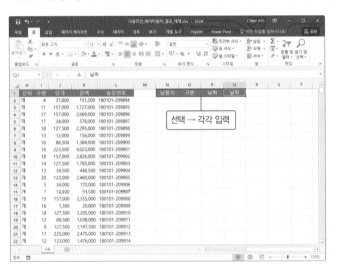

02 [N2] 셀부터 [Q3] 셀까지 각 열에 조건을 두 개씩 입력합니다. [N2] 셀의 납품처 조건은 '용산 전산', [N3] 셀의 조건은 '중앙 전산', [O2:O3] 셀 두 개의 구분 조건은 모두 '기타', 그리고 [P2:P3] 셀 두 개의 날짜 조건은 모두 >=2018-04-07, [Q2:Q3] 셀 두 개의 날짜 조건도 모두 <=2018-04-15를 각각 입력합니다.

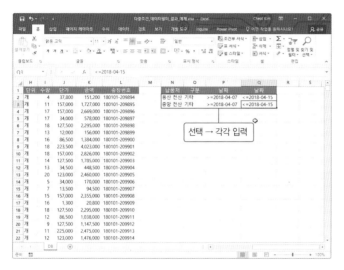

03 데이터베이스 중에서 임의의 셀을 선택하고 [데이터] 탭 – [정렬 및 필터] 그룹 – [고급]을 클릭합니다.

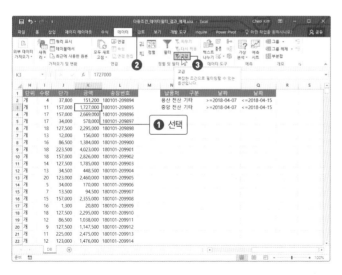

04 [고급 필터] 창에서 [다른 장소에 복사]에 체크하고 [목록 범위]는 데이터 중 임의의 셀을 클릭한 다음 Ctrl + A 를 눌러 전체 범위를 입력합니다. 그리고 [조건 범위]는 [N1:Q3] 셀 범위를, [복사 위치]는 'S1'을 입력한 뒤 [확인]을 클릭합니다.

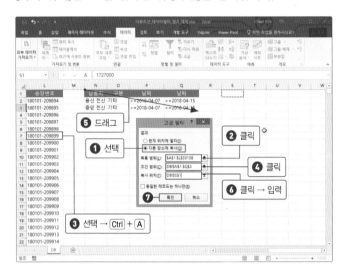

05 필터가 적용된 데이터의 전체 열을 선택하고 열 인덱스의 경계선을 더블클릭해서 열 너비를 자동으로 조정합니다.

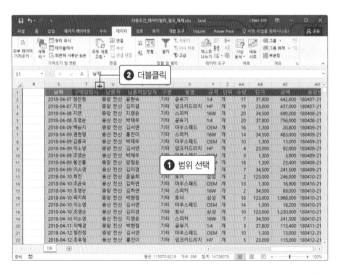

고급 필터로
논리합 조건까지 필터링하기

2007	2010	2013	2016	Office 365

고급 필터를 사용해서 데이터만 필터링할 수 있을까요? 고급 필터는 논리합(or) 조건도 필터링할 수 있습니다. 지금부터 논리합의 데이터를 필터링할 때 조건 입력 방법부터 필터 방법까지 알아보겠습니다.

⊙ **예제 파일** ┊ 논리합(또는)의_조건_데이터필터_예제.xlsx **완성 파일** ┊ 논리합(또는)의_조건_데이터필터_완성.xlsx

01 예제를 열고 조건 필드 이름을 먼저 입력합니다. [N1] 셀에는 '납품처', [O1:P1] 셀에는 '날짜'를 입력합니다.

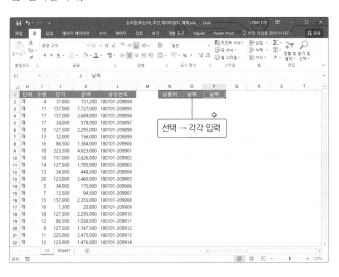

페이지 설정

편집 편집

피벗 테이블

차트 보고서

함수

키 조작

표 기능

이동 및 찾기

시각화

기타

02 납품처가 '용산 전산'이거나 날짜가 '2018년 4월 7일'부터 '2018년 4월 15일'인 데이터를 모두 필터링하려고 합니다. [N2] 셀에는 '용산 전산'을 입력한 후 논리합(or) 조건을 만들기 위해 한 행을 내려서 [O3] 셀에는 >=2018-04-07, [P3] 셀에는 <=2018-04-15를 입력합니다.

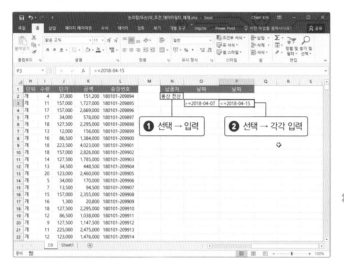

PLUS 고급 필터의 조건으로 논리합(or) 조건을 입력할 때는 각각의 조건을 서로 다른 행에 입력해야 합니다.

03 데이터베이스 중에서 임의의 셀을 선택하고 [데이터] 탭 – [정렬 및 필터] 그룹 – [고급]을 클릭합니다.

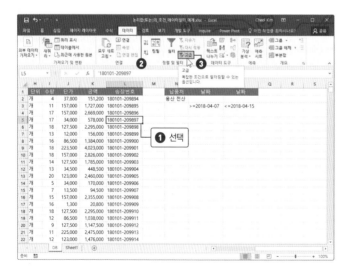

04 [고급 필터] 창이 나타나면 [다른 장소에 복사]를 체크한 뒤 [목록 범위]는 데이터 중 임의의 셀을 선택하고 Ctrl + A 를 눌러 전체 범위를 입력합니다. 그리고 [조건 범위]는 [N1:P3] 셀을 입력하고 [복사 위치]는 'R1'을 입력하거나 [R1] 셀을 더블클릭해서 지정한 뒤 [확인]을 클릭합니다.

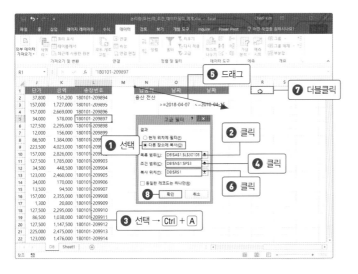

05 필터링한 데이터의 전체 열을 선택하고 열 인덱스의 경계선을 더블클릭해서 열 너비를 자동 조정합니다.

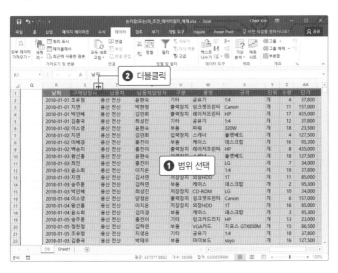

조건에 정확히 일치하는 데이터만 필터링하기

2007	2010	2013	2016	Office 365

고급 필터로 다양한 조건의 데이터를 필터링하는 방법을 익혔는데 가끔 사용자가 원하지 않는 데이터도 함께 필터링 되는 경우도 있습니다. 사용자가 지정한 정확한 데이터만을 필터링하는 방법에 대해 알아보겠습니다.

● **예제 파일** | 정확히_일치하는_데이터필터_예제.xlsx　**완성 파일** | 정확히_일치하는_데이터필터_완성.xlsx

01 [납품처담당자] 필드에서 '최경'이라는 이름의 데이터만 필터링하려고 합니다. 그런데 다음 그림처럼 '최경아'라는 이름까지 포함되어 있습니다. 이때 '최경아'라는 이름은 제외하고 정확히 '최경'이라는 이름 데이터만 필터링해 보겠습니다.

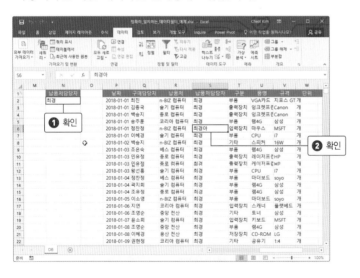

02 예제를 열고 [N1] 셀에 조건 필드 이름을 '납품처담당자'라고 입력하고 [N2] 셀에는 '=최경이라는 조건을 입력합니다. 이때 =를 먼저 입력하면 수식을 입력하는 것으로 오해할 수 있습니다. 문자를 조건으로 입력하기 위해서 '를 먼저 입력한 다음 '=최경까지 입력해서 조건을 완성합니다.

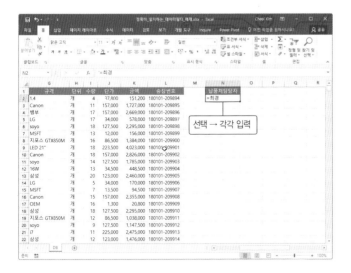

03 데이터베이스 중에서 임의의 셀을 선택하고 [데이터] 탭 – [정렬 및 필터] 그룹 – [고급]을 클릭합니다.

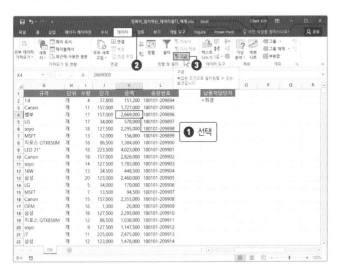

페이지 설정

납품관리

피벗 테이블

차트 보고서

함수

기초지식

표 기능

인쇄 및 찾기

이동 및 찾기

시각화

기타

04 [고급 필터] 창이 나타나면 [다른 장소에 복사]를 체크한 뒤 [목록 범위]는 데이터 중 임의의 셀을 선택하고 Ctrl + A를 눌러 전체 범위를 입력합니다. [조건 범위]는 [N1:N2] 셀을 입력하고 [복사 위치]는 'P1'을 입력한 뒤 [확인]을 클릭합니다.

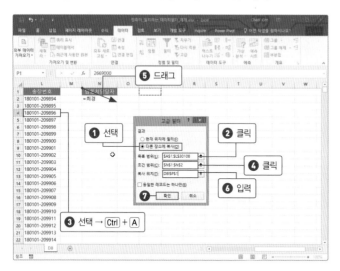

05 '최경'이라는 이름의 데이터만 걸러졌습니다. 필터가 적용된 데이터의 전체 열을 선택하고 열 인덱스 사이의 경계선을 더블클릭해서 열 너비를 자동으로 조정합니다.

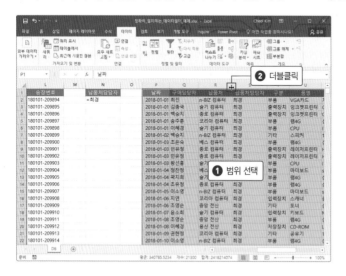

페이지 설정

고급 필터

피벗 테이블

차트 보고서

함수

기초식

표기능

이동 및 찾기

사라짐

기타

거래 명세서를 거래처별 시트로
분리시켜 작성하기

TIP

075

2007	2010	2013	2016	Office 365

매출 데이터에서 특정 월에 발생한 거래 내역이나 매출 내역 등을 거래처별로 별도의 시트에 작성하는 경우가 많습니다. 이때 마우스만 사용해서 손쉽게 거래처별 매출 내역서나 거래 명세서를 작성하는 방법에 대해 알아보겠습니다.

◉ **예제 파일** | 특정월_거래명세서_작성_예제.xlsx　**완성 파일** | 특정월_거래명세서_작성_완성.xlsx

01 먼저 매출 데이터를 표로 지정하기 위해 [DB] 시트의 특정 셀을 선택한 뒤 Ctrl + T를 누릅니다. [표 만들기] 창이 나타나면 [머리글 포함]을 체크한 뒤 [확인]을 클릭합니다.

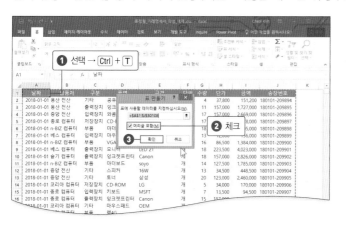

02 [디자인] 탭 - [도구] 그룹 - [피벗 테이블로 요약]을 클릭합니다.

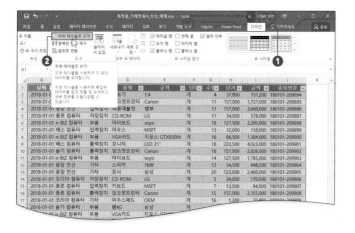

245

03 [피벗 테이블 만들기] 창이 나타나면 [새 워크시트]의 체크를 확인한 뒤 [확인]을 클릭합니다.

PLUS [기존 워크시트]에 거래 명세서를 작성하는 방법도 있습니다. 하지만 데이터 옆에 작성하기 때문에 자칫 실수하면 데이터를 손댈 수 있기에 새로운 시트에 작성하는 것을 추천합니다.

04 새로운 시트에 [피벗 테이블 필드] 창이 나타나면 [날짜] 필드를 [행] 영역 아래에 끌어다 놓습니다.

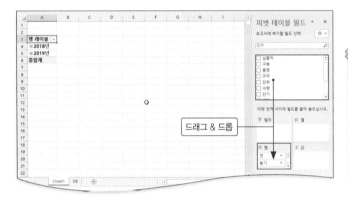

PLUS 엑셀 2016 버전은 [피벗 테이블 필드] 창에서 시계열 데이터를 레이아웃 영역에 끌어다 놓으면 해당 계열이 자동으로 그룹으로 묶입니다(현재의 기준은 년, 분기, 월). 그러나 엑셀 2013 버전까지는 그룹으로 묶이지 않은 상태로 고유의 값이 나열됩니다.

05 2018년 4월 구분별 금액을 거래처별로 별도의 시트에 작성하려고 합니다. 그러므로 시계열 데이터를 사용자가 구분하려는 연과 월로 재그룹합니다. [행]의 년도를 마우스 오른쪽 버튼을 클릭해서 [그룹]을 선택합니다.

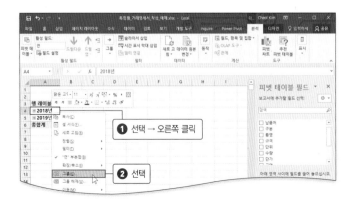

06 [그룹화] 창이 나타나면 [연], [월]을 선택하고 [확인]을 클릭합니다.

07 시계열 데이터가 필드를 확장한 것처럼 나열된 것을 확인할 수 있습니다. 이때 [행]에 있는 [연]과 [날짜]를 [필터]로 끌어서 이동시킵니다.

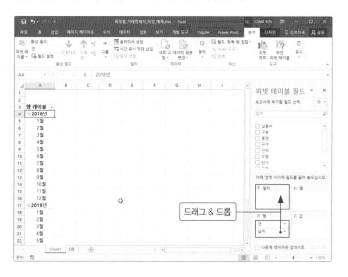

08 다음 그림처럼 연과 월을 지정할 수 있는 피벗 테이블 형태로 변경됩니다.

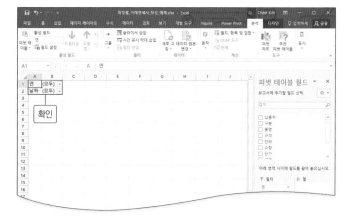

페이지 셀정

고급 필터

피벗 테이블

차트 보고서

함수

기초자

보기 기능

이동 및 찾기

시각화

기타

09 원하는 기간을 선택합니다. [B1] 셀을 확장해서 '2018년'을 선택하고 [B2] 셀을 확장해서 '4 월'을 선택한 후 [확인]을 클릭합니다.

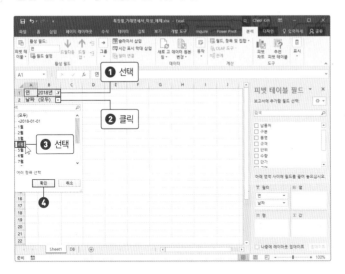

10 [피벗 테이블 필드] 창에서 [납품처]를 필터 영역으로 끌어다 놓습니다. 이어서 [구분] 필드 는 [행] 영역으로 끌어다 놓고 [수량]과 [금액]은 [Σ 값] 영역으로 끌어다 놓습니다.

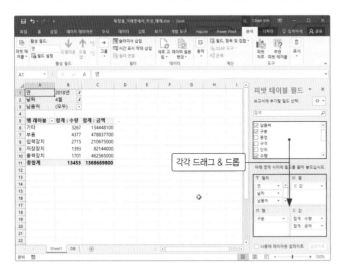

11 피벗 테이블의 [합계 : 수량] 필드에서 임의의 셀을 마우스 오른쪽 버튼을 클릭해서 [필드 표시 형식]을 실행합니다.

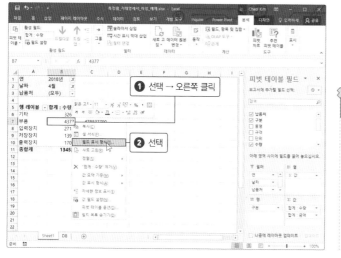

PLUS [셀 서식]을 실행하면 선택된 셀의 서식만 지정할 수 있습니다. 하지만 [필드 표시 형식]을 실행하면 선택된 필드 전체 데이터의 서식을 지정할 수 있습니다. 그리고 서식을 미리 지정하는 이유가 있습니다. 서식을 지정하지 않고 별도 시트로 나누면 나눠진 시트도 서식을 지정하지 않은 형태로 나타나기 때문입니다.

12 [셀 서식] 창이 나타나면 [숫자]를 선택하고 [1000 단위 구분 기호(,) 사용]에 체크한 뒤 [확인]을 클릭합니다.

13 이번에는 [합계 : 금액]의 [셀 서식]을 지정하겠습니다. [합계 : 금액] 중에서 임의의 셀을 마우스 오른쪽 버튼을 클릭해서 [필드 표시 형식]을 실행합니다.

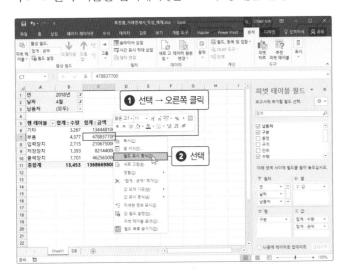

14 [셀 서식] 창이 나타나면 [통화]를 선택하고 [확인]을 클릭합니다.

15 납품처별로 시트를 나누기 위해 보고서 필터 페이지 표시를 실행하겠습니다. [분석] 탭 - [피벗 테이블] 그룹의 [옵션] 확장 버튼(▼)을 클릭한 후 [보고서 필터 페이지 표시]를 클릭합니다.

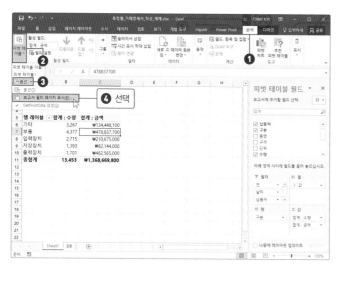

16 [보고서 필터 페이지 표시] 창이 나타나면 시트로 분리하려는 [납품처]를 선택하고 [확인]을 클릭합니다.

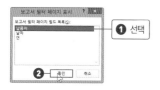

① 선택

② 확인

17 시트 이름을 보면 납품처별로 별도의 시트가 만들어졌습니다. 그리고 시트 이름도 해당 납품처 이름으로 변경된 것을 확인할 수 있습니다.

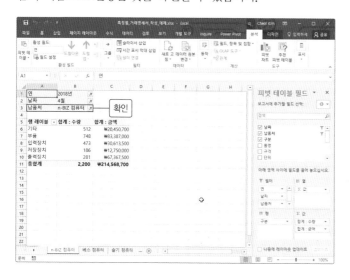

확인

페이지 설정

고급 편집

차트 보고서

함수

키 조작

표 기능

이동 맞춤기

시각화

기타

피벗 테이블

구매 담당자별 매출 금액을
마우스 클릭만으로 집계하기

2007	2010	2013	2016	Office 365

엑셀로 제일 많이 하는 작업은 데이터를 집계하거나 통계를 내는 일입니다. 데이터베이스만 정상적으로 준비되어 있다면 엑셀의 피벗 테이블 기능으로 기간별 매출을 집계하거나 통계를 내기가 쉬워집니다. 또한 이런 피벗 테이블은 마우스 클릭만으로 모든 작업이 가능합니다. 지금부터 피벗 테이블의 활용법에 대해 알아보겠습니다.

◎ **예제 파일** | 마우스로_작성하는_기간별_매출보고서_예제.xlsx **완성 파일** | 마우스로_작성하는_기간별_매출보고서_완성.xlsx

01 예제를 열고 먼저 Ctrl + T를 눌러 [표 만들기] 창을 띄웁니다. [머리글 포함]에 체크된 것을 확인한 뒤 [확인]을 클릭합니다.

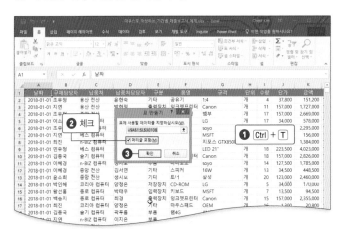

02 [디자인] 탭 – [도구] 그룹 – [피벗 테이블로 요약]을 클릭합니다.

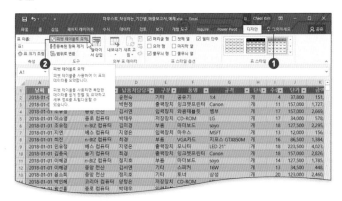

03 [피벗 테이블 만들기] 창이 나타나면 [새 워크시트]에 체크된 것을 확인하고 [확인]을 클릭합니다.

04 새로운 시트에 빈 피벗 테이블이 작성됩니다. 오른쪽 [피벗 테이블 필드] 창에서 [구매담당자] 필드는 [행] 영역으로 끌어다 놓습니다. 그리고 [구분]은 [열] 영역에, [금액]은 [Σ 값] 영역으로 끌어다 놓습니다.

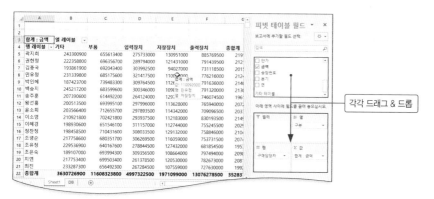

05 기간별로 분석하기 위해 [피벗 테이블 필드] 창에서 [날짜] 필드를 [행] 영역으로 끌어다 놓습니다.

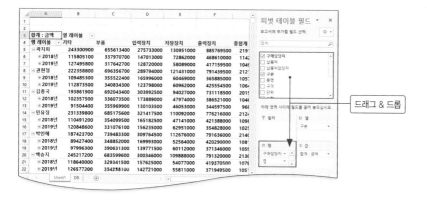

페이지 설정

고급 필터

피벗 테이블

차트 보고서

함수

키 조작

표 기능

이동 및 찾기

시각화

기타

06 사용자가 원하는 기간으로 설정하기 위해 그룹으로 묶여있는 날짜를 클릭해서 다시 그룹을 설정해야 합니다. 그룹화된 날짜 중에서 임의의 날짜 데이터를 마우스 오른쪽 버튼을 클릭하고 [그룹]을 선택합니다.

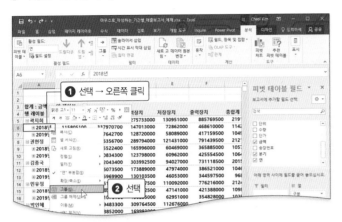

07 [그룹화] 창이 나타나면 [연], [분기]를 선택하고 [확인]을 클릭합니다.

08 지금부터는 집계된 자료의 서식을 하나씩 변경해 보겠습니다. 집계된 합계 금액 데이터에서 임의의 셀을 마우스 오른쪽 버튼으로 클릭한 후 [필드 표시 형식]을 선택합니다.

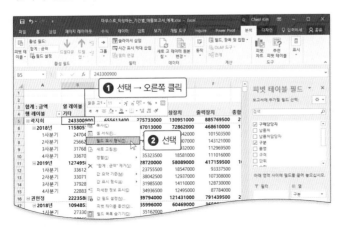

09 [셀 서식] 창이 나타나면 [통화]를 선택하고 [확인]을 클릭합니다.

10 구매 담당자별로 매출 금액의 집계 자료가 최종 연과 분기로 구분된 것을 확인할 수 있습니다.

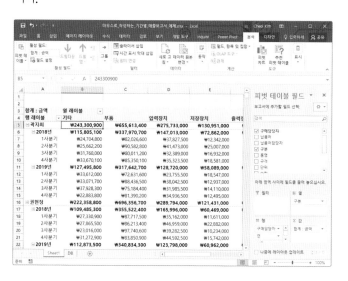

페이지 설정

고급 편집

피벗 테이블

차트 보고서

함수

기초작

표 기능

이동 맞춤기

시각화

기타

TIP
077

슬라이서를 삽입해서
기업용 데이터 분석 툴로 사용하기

| 2007 | 2010 | 2013 | 2016 | Office 365 |

집계 보고서를 사용자가 원하는 분석 내용으로 쉽고 빠르게 나타내는 것이 피벗 테이블입니다. 그리고 이런 피벗 테이블의 활용도를 한층 더 높이는 슬라이서라 기능이 있습니다. 이 기능을 잘 활용하면 기업에서 수집한 수많은 데이터를 정리하고 분석하는 BI(Business Intelligence) 툴처럼 활용할 수 있습니다.

◉ **예제 파일** | 엑셀을_Bi_Tool_처럼_사용하기_예제.xlsx　**완성 파일** | 엑셀을_Bi_Tool_처럼_사용하기_완성.xlsx

01 예제를 열고 먼저 Ctrl + T를 눌러 [표 만들기] 창을 띄웁니다. [머리글 포함]에 체크된 것을 확인하고 [확인]을 클릭합니다.

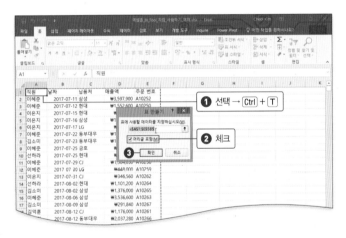

02 [디자인] 탭 – [도구] 그룹 – [피벗 테이블로 요약]을 클릭합니다.

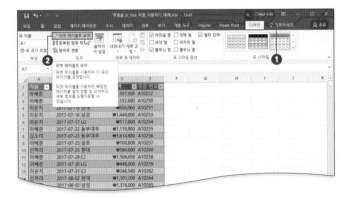

03 [피벗 테이블 만들기] 창이 나타나면 [새 워크시트]에 체크된 것을 확인하고 [확인]을 클릭합니다.

04 새로운 시트에 빈 피벗 테이블이 작성되면 [피벗 테이블 필드] 창에서 [직원] 필드와 [날짜] 필드를 [행] 영역에 끌어다 놓습니다. 그리고 [납품처]는 [열] 영역, [매출액]은 [Σ 값] 영역으로 끌어다 놓습니다.

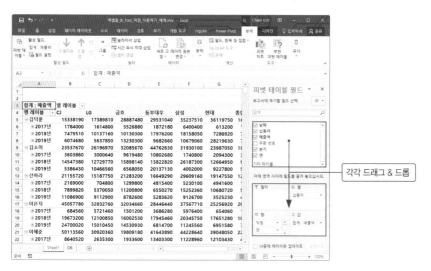

페이지 설정

고급 필터

피벗 테이블

차트 보고서

함수

기초함

표 기능

이동 및 찾기

시각화

기타

05 집계된 매출액에 통화 서식을 지정해서 알아보기 쉽게 변경합니다. 집계된 매출액 중에서 임의의 데이터를 마우스 오른쪽 버튼을 클릭해서 [필드 표시 형식]을 실행합니다.

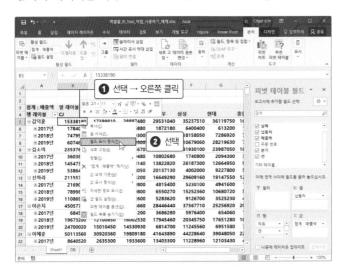

06 [셀 서식] 창이 나타나면 [통화]를 선택하고 [확인]을 클릭합니다.

07 집계 보고서를 좀 더 간단하게 보려면 필드 축소를 사용하면 됩니다. A 열 데이터 중 임의의 데이터를 선택하고 [분석] 탭 – [활성 필드] 그룹 – [필드 축소]를 클릭합니다.

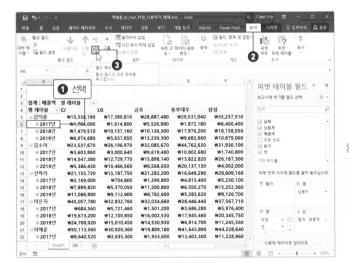

필드를 축소할 때 [Σ 값] 영역의 데이터를 선택하면 [필드 축소]나 [필드 확장] 버튼이 비활성화됩니다. 상위 계층과 하위 계층 구조로 되어 있는 A 열에서 데이터를 선택해야만 해당 기능이 활성화됩니다.

08 축소된 데이터를 시각화하기 위해 차트를 작성하겠습니다. [분석] 탭 – [도구] 그룹 – [피벗차트]를 클릭합니다.

09 [차트 삽입] 창이 나타나면 [세로 막대형] 탭 – [묶은 세로 막대형]을 선택하고 [확인]을 클릭합니다.

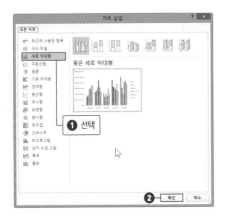

10 사용자가 원하는 분석 결과만 골라서 차트로 나타내기 위해 슬라이서를 삽입합니다. [분석] 탭 – [필터] 그룹 – [슬라이서 삽입]을 클릭합니다.

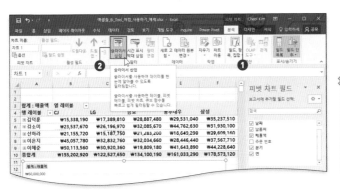

PLUS 피벗 테이블의 슬라이서 기능은 특정 필드의 고유 항목을 나열하고 사용자가 빠르게 결과를 나타내게 할 수 있는 기능으로 엑셀 2010 버전부터 새로 추가된 기능입니다.

11 특정 직원이 특정 납품처에서 발생시킨 매출액만 분석할 수 있도록 차트를 만든다고 가정합니다. 그러면 [슬라이서 삽입] 창에서 [직원], [납품처]만 체크하고 [확인]을 클릭합니다.

12 [직원] 슬라이서와 [납품처] 슬라이서 두 개가 별도의 창으로 나타납니다.

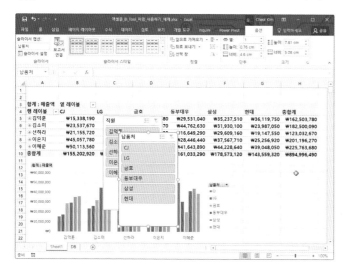

13 슬라이서의 배치를 변경해서 사용해야 활용도가 높아집니다. 우선 A 열을 선택하고 마우스 오른쪽 버튼을 클릭합니다. [삽입]을 선택해서 열 하나를 새로 추가합니다.

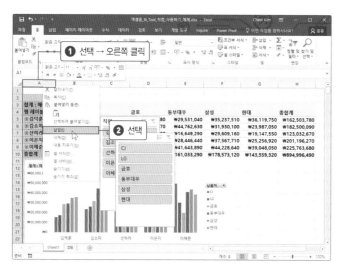

페이지 설정

고급 편집

표 만들기

차트 보고서

함수

기초작

표 기능

이동 및 찾기

시각화

기타

14 [직원] 슬라이서를 [A3] 셀에 배치하고 슬라이서의 너비를 셀 너비에 맞게 적절히 조절합니다.

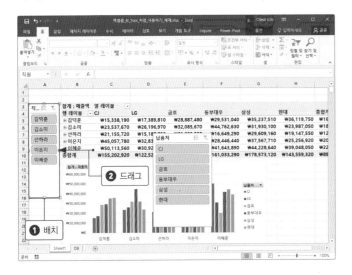

15 [납품처] 슬라이서는 피벗 테이블 위쪽에 배치하는 게 좋습니다. 1행과 2행에 배치하기에는 행 높이가 좁아서 행 높이를 넓히기 위해 1행과 2행을 선택하고 마우스 오른쪽 버튼을 클릭한 뒤 [행 높이]를 클릭합니다. [행 높이] 창이 나타나면 '30'을 입력하고 [확인]을 클릭합니다.

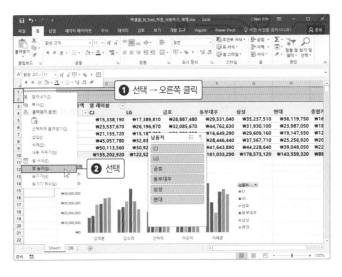

16 [납품처] 슬라이서를 [B1] 셀에 배치하고 조절점을 드래그해서 적당한 크기로 만듭니다.

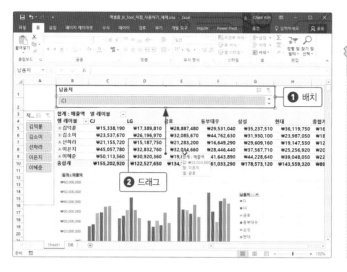

[납품처] 슬라이서를 [B1] 셀에 배치하면 납품처 목록이 하나만 보입니다. 다른 납품처를 선택하려면 아래쪽으로 스크롤해야 합니다. 이런 불편함을 없애려면 레이아웃을 변경하는 것이 좋습니다. [납품처] 슬라이서를 마우스 오른쪽 버튼으로 클릭한 다음 [크기 및 속성]을 선택하면 [서식 슬라이서] 창이 나타납니다. [서식 슬라이서] 창 – [레이아웃] – [열 개수]에 '6'을 입력하면 납품처가 슬라이서에 가로로 모두 배치됩니다.

17 가로형 슬라이서인 [납품처] 슬라이서는 다른 납품처를 선택하기 불편한 형태입니다. 납품처를 편리하게 선택할 수 있도록 [납품처] 슬라이서의 열 개수를 조정하는 것이 좋습니다. 먼저 [납품처] 슬라이서를 선택한 상태에서 [옵션] 탭 – [단추] 그룹 – [열] 크기를 '6'으로 조절합니다.

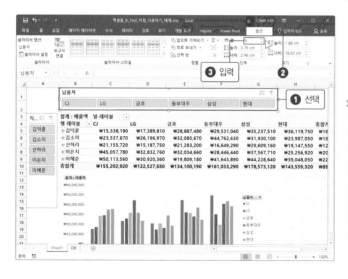

[납품처] 슬라이서의 레이아웃을 변경하는 다른 방법도 있습니다. [납품처] 슬라이서를 마우스 오른쪽 버튼으로 클릭한 다음 [크기 및 속성]을 선택하면 [서식 슬라이서] 창이 나타납니다. [서식 슬라이서] 창 – [레이아웃] – [열 개수]에 '6'을 입력하면 납품처가 슬라이서에 가로로 모두 배치됩니다.

18 지금부터 삽입한 두 개의 슬라이서를 활용해 보겠습니다. '김덕훈', '김소미', '이은지' 직원의 매출액 결과를 차트로 보려면 [직원] 슬라이서에서 '김덕훈'을 먼저 클릭하고 [Ctrl]을 누른 채로 '김소미', '이은지'를 클릭합니다. 그런 다음 [Ctrl]을 떼면 선택한 직원의 데이터와 차트가 빠르게 변경됩니다.

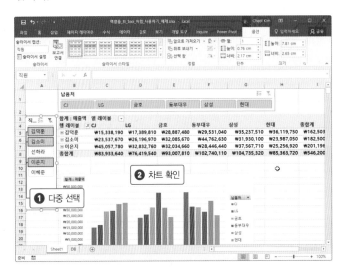

19 선택한 직원들이 'CJ', '삼성', '현대'에 발생시킨 매출액을 차트로 보려고 한다면 [납품처] 슬라이서에서 'CJ'을 클릭하고 [Ctrl]을 누른 채 '삼성', '현대'를 클릭한 후 [Ctrl]을 떼면 직원별 거래처의 매출액이 데이터와 차트로 순식간에 변경됩니다.

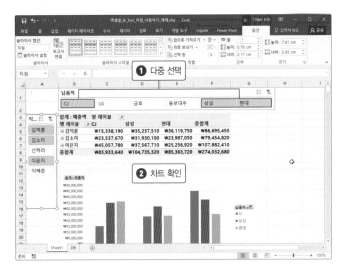

페이지 설정

고급 필터

피벗 테이블

차트 보고서

함수

키 조작

표 기능

이동 및 찾기

시각화

기타

통계 자료의 원본 데이터를
빠르게 필터링하기

2007	2010	2013	2016	Office 365

피벗 테이블의 슬라이서를 활용해서 손쉽게 원하는 데이터로 집계했는데 집계된 데이터가 생각했던 결과와 많은 차이가 있는 경우도 있습니다. 이때는 원본 데이터(Raw Data)를 확인해 봐야 합니다. 원본 데이터를 빠르고 쉽게 필터링하는 방법에 대해 알아보겠습니다.

◎ **예제 파일** | 피벗_보고서에서_RAW_DATA_확인하기_예제.xlsx   **완성 파일** | 피벗_보고서에서_RAW_DATA_확인하기_완성.xlsx

01 예제를 열고 피벗 테이블에서 [이은지] 행과 [CJ] 열이 교차되는 [C7] 셀의 매출 금액과 원본 데이터를 비교해 보려고 합니다. 확인하려는 [C7] 셀의 데이터를 더블클릭합니다.

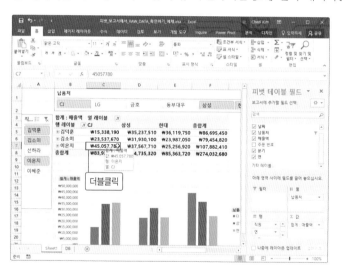

02 새로운 시트가 생기면서 더블클릭한 [C7] 셀 값의 원본 데이터가 필터링되어 나타납니다.

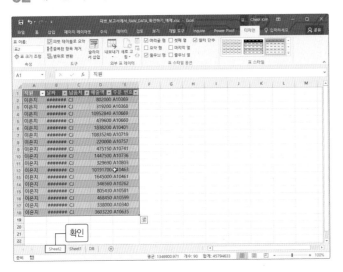

03 전체 데이터의 열을 선택하고 열 인덱스 사이의 경계선을 더블클릭해서 데이터 너비에 맞도록 열 너비를 자동으로 조정하면 간단히 확인할 수 있습니다.

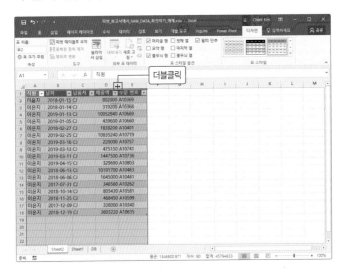

페이지 설정

급급 필터

피벗 테이블

차트 보고서

함수

키 조작

표 기능

이동 및 찾기

시각화

기타

사용자가 지정한 기간만큼만
매출 보고서로 작성하기

TIP
079

2007	2010	2013	2016	Office 365

피벗 테이블의 그룹을 사용해서 연이나 분기, 월처럼 정형화된 기간의 기간별 분석이 아니라 일주일이나 열흘 단위처럼 사용자가 지정한 기간만큼만 손쉽게 분석하는 방법을 알아보겠습니다.

◉ 예제 파일 | 주간분석_매출보고서_예제.xlsx   완성 파일 | 주간분석_매출보고서_완성.xlsx

01 예제를 열고 데이터 중에서 임의의 셀을 클릭한 뒤 Ctrl + T 를 누릅니다. [표 만들기] 창이 나타나면 [머리글 포함]에 체크된 것을 확인하고 [확인]을 클릭합니다.

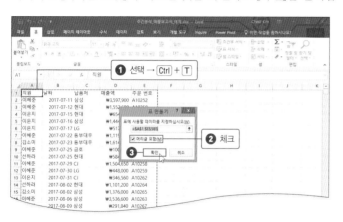

02 [디자인] 탭 - [도구] 그룹 - [피벗 테이블로 요약]을 클릭합니다.

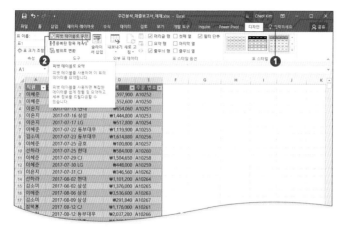

03 [피벗 테이블 만들기] 창이 나타나면 [새 워크시트]에 체크된 것을 확인하고 [확인]을 클릭합니다.

04 [피벗 테이블 필드] 창에서 [직원] 필드와 [날짜] 필드는 [행] 영역, [납품처] 필드는 [열] 영역, [매출액] 필드는 [Σ 값] 영역에 끌어다 놓습니다.

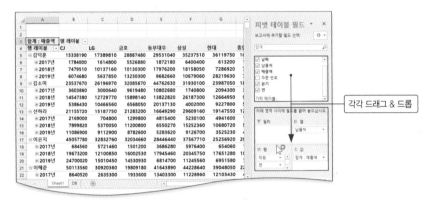

05 집계된 값에 서식을 적용하기 위해서 임의의 셀을 마우스 오른쪽 버튼으로 클릭하고 [필드 표시 형식]을 선택합니다.

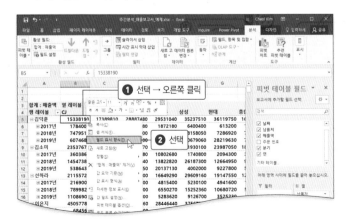

06 [셀 서식] 창이 나타나면 [통화]를 선택하고 [확인]을 클릭합니다.

07 그룹화된 임의의 날짜를 마우스 오른쪽 버튼으로 클릭하고 [그룹]을 실행합니다.

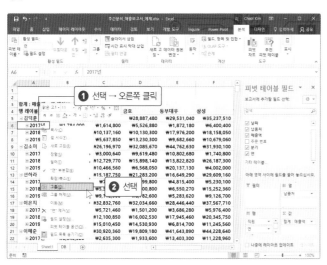

08 [그룹화] 창이 나타나면 [일]만 클릭하고 [날짜 수]를 '7'로 변경하고 [확인]을 클릭합니다.

만약 1주일 단위를 월요일부터 일요일까지로 지정하고 싶다면 [그룹화] 창의 [시작] 입력란에 데이터에서 첫 번째 월요일 날짜인 2017-07-17을 입력하고 [확인]을 클릭하면 됩니다.

페이지 설정

고급 필터

피벗 테이블

차트 보고서

함수

키 조작

표 기능

이동 및 찾기

시간화

기타

09 일주일간의 단위로 매출 보고서가 작성된 것을 확인할 수 있습니다.

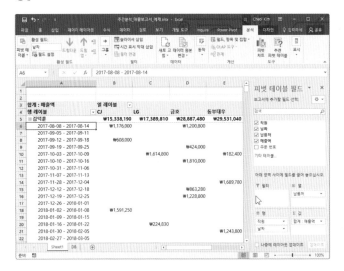

피벗 테이블의 셀을 참조해서
빠르게 보고서 작성하기

2007	2010	2013	2016	Office 365

크로스탭 형태의 보고서를 작성할 때 조건이 여러 가지면 합계를 나타내는 SUMIFS 함수를 가장 먼저 떠올릴 것입니다. 하지만 이번 예제는 SUMIFS 함수를 사용하지 않고 좀 더 쉽고 빠르게 통계 결과를 나타내는 방법에 대해 알아보겠습니다.

⊙ **예제 파일** | 빠른_매출보고서_예제.xlsx **완성 파일** | 빠른_매출보고서_완성.xlsx

01 예제의 [DB] 시트에 정리된 데이터를 사용해서 [데이터 활용] 시트에 통계량을 채우려고 합니다.

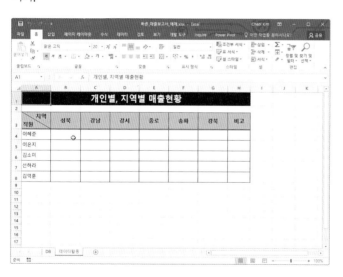

02 먼저 [DB] 시트의 데이터를 [데이터 활용] 시트의 크로스탭 보고서와 비슷한 형태의 피벗 테이블로 만듭니다. [DB] 시트로 이동해서 Ctrl + T를 눌러 [표 만들기] 창이 나타나면 [머리글 포함]에 체크를 확인한 뒤 [확인]을 클릭합니다.

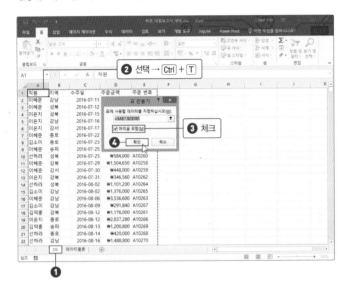

03 [디자인] 탭 – [도구] 그룹 – [피벗 테이블로 요약]을 클릭합니다.

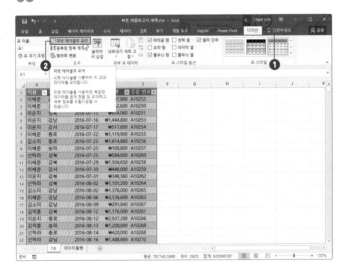

04 [피벗 테이블 만들기] 창이 나타나면 [새 워크시트]를 선택한 상태에서 [확인]을 클릭합니다.

05 [피벗 테이블 필드] 창에서 [직원] 필드를 [행] 영역, [지역] 필드를 [열] 영역, [주문금액] 필드를 [Σ 값] 영역으로 각각 끌어다 놓습니다.

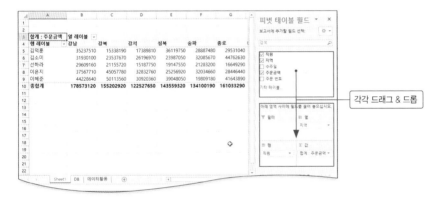

각각 드래그 & 드롭

06 [데이터활용] 시트를 선택하고 [B4] 셀을 클릭해서 =를 입력합니다.

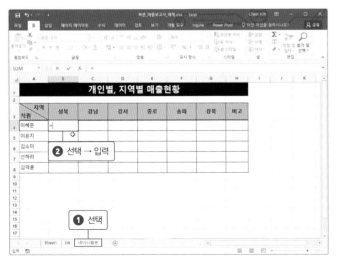

❷ 선택 → 입력

❶ 선택

여기서 [B4] 셀은 '이혜준' 직원의 '성북' 지역 매출을 나타낼 셀입니다.

07 피벗 테이블을 만들어 놓은 [Sheet1] 시트를 다시 선택한 다음 '이혜준' 직원의 '성북' 지역 매출 금액이 나타나 있는 [E9] 셀을 선택하고 Enter를 누릅니다.

08 GETPIVOTDATA 수식을 입력하지 않았는데 수식이 자동으로 생성되어 있습니다. 이 수식의 변수를 셀로 변환하려고 합니다. 먼저 수식 입력줄에서 첫 번째 변수인 '이혜준'을 마우스로 클릭하면 수식 입력줄 하단에 GETPIVOTDATA 수식의 인수 배열이 표시됩니다. 그중에서 [item1]에 커서를 이동시키면 파란색 글씨로 바뀌는데 이때 클릭하면 변수가 블록으로 지정됩니다.

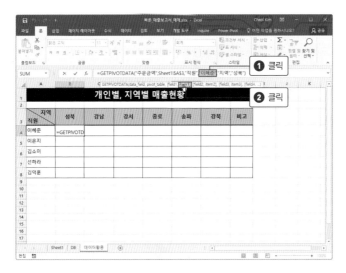

09 '이혜준'이란 변수 대신 값이 들어 있는 셀로 변경합니다. [A4] 셀을 클릭하고 F4를 3회 눌러 [$A4]가 되도록 변경시킵니다.

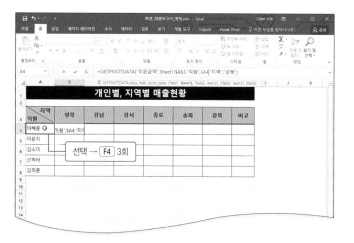

> **NOTE** 🖊️ **셀 주소의 참조 방식을 바꿔주는 F4**
>
> F4는 셀 참조 방식을 누르는 횟수에 따라서 바꿔주는 역할을 합니다. 셀 주소를 선택하고 F4를 계속 누르면 행과 열을 고정, 행 고정, 열 고정의 순서로 변경됩니다.

	F4 1회 누름	F4 2회 누름	F4 3회 누름
A1 →	$A$1(참조 셀의 행과 열 고정) →	A$1(참조 셀의 행 고정) →	$A1(참조 셀의 열 고정)

10 수식 입력줄에서 두 번째 변수인 '성북'을 클릭하고 하단에 표시된 인수 배열 중에서 [item2]에 커서를 올립니다. 파란색 글씨로 바뀌면 클릭해서 해당 변수를 블록으로 지정합니다.

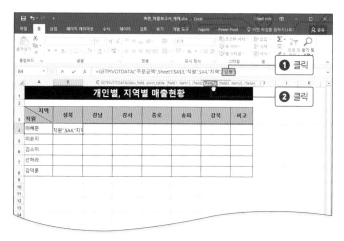

11 '성북'이란 변수 대신 값이 들어 있는 [B3] 셀을 클릭하고 F4 를 2회 눌러 [B$3]으로 변경합니다.

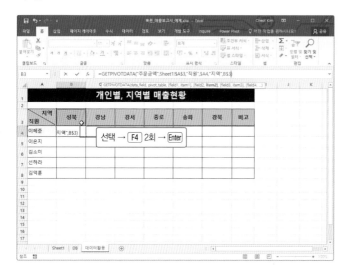

12 Enter 를 눌러 수식을 완성했으면 [G8] 셀까지 수식을 복사해서 붙여 넣습니다. SUMIFS 함수를 사용하지 않고도 손쉽게 크로스탭 보고서의 결과를 나타낼 수 있습니다.

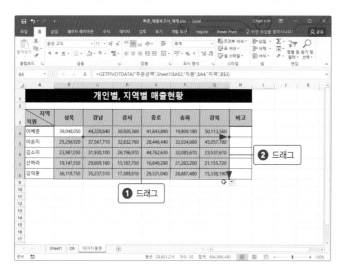

반응형 매출 보고서 작성하기

매출 보고서를 작성할 때 특정 기간을 집계하다 보면 매월 말일이나 분기 마지막 날짜가 변경되는 바람에 집계하는 게 어렵습니다. 그래서 SUMIFS 함수를 사용하면 수식도 너무 길어져서 힘들긴 마찬가집니다. 이때 특정 기간의 매출 보고서를 손쉽게 작성하고 옵션에 따라서 값도 함께 변경되는 반응형 보고서를 만드는 방법에 대해 알아보겠습니다.

◎ **예제 파일** | 반응형_매출보고서_예제.xlsx   **완성 파일** | 반응형_매출보고서_완성.xlsx

01 [DB] 시트의 데이터를 사용해서 [반응형_보고서] 시트에 나타내려고 합니다.

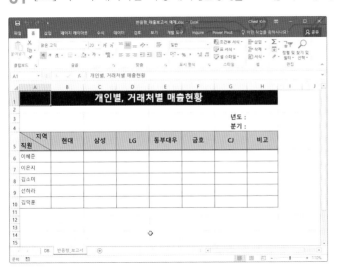

02 먼저 연도와 분기를 선택해서 입력할 수 있도록 유효성 검사를 지정하겠습니다. [H3] 셀을 선택하고 [데이터] 탭 – [데이터 도구] 그룹 – [데이터 유효성 검사]를 클릭합니다.

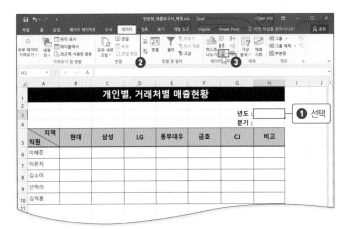

03 [데이터 유효성] 창이 나타나면 [제한 대상]은 '목록'을 선택하고 [원본] 입력란에는 '2017,2018,2019'를 입력한 후 [확인]을 클릭합니다.

04 [H3] 셀 오른쪽의 드롭다운 버튼을 클릭해서 '2018'을 선택합니다.

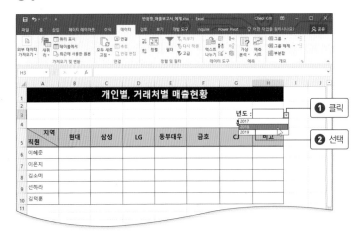

페이지 설정

편집 과고급

피벗 테이블

차트 보고서

함수

키조처

표 기능

이동 및 찾기

시각화

기타

05 [H4] 셀에도 선택 입력할 수 있도록 데이터 유효성 검사를 지정합니다. [H4] 셀을 선택하고 [데이터] 탭 – [데이터 도구] 그룹 – [데이터 유효성 검사]를 클릭합니다.

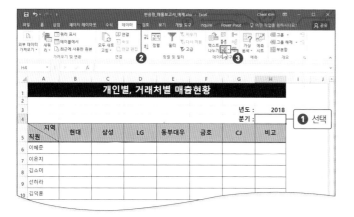

06 [데이터 유효성] 창이 나타나면 [제한 대상]은 '목록'을 선택하고 [원본] 입력란에는 '1,2,3,4' 를 입력한 후 [확인]을 클릭합니다.

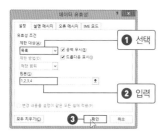

07 [H4] 셀 오른쪽의 드롭다운 버튼을 클릭하고 '2'를 선택합니다.

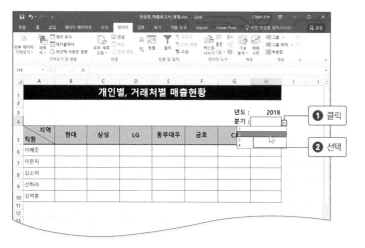

08 지금부터는 [DB] 시트에서 '연도별', '분기별', '직원별', '납품처별'로 매출을 집계하겠습니다. [DB] 시트를 선택하고 데이터 중 임의의 셀을 선택한 뒤 Ctrl + T 를 눌러 [표 만들기] 창이 나타나면 [머리글 포함]에 체크를 확인한 뒤 [확인]을 클릭합니다.

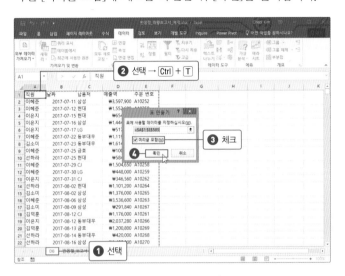

09 [디자인] 탭 - [도구] 그룹 - [피벗 테이블로 요약]을 클릭합니다.

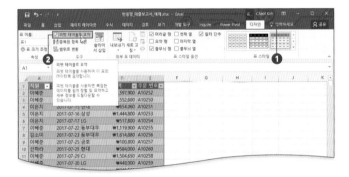

10 [피벗 테이블 만들기] 창에서 [새 워크시트]의 체크를 확인한 뒤 [확인]을 클릭합니다.

11 [피벗 테이블 필드] 창에서 [직원] 필드와 [날짜] 필드는 [행] 영역, [납품처] 필드는 [열] 영역, [매출액] 필드는 [Σ 값] 영역으로 각각 끌어다 놓습니다.

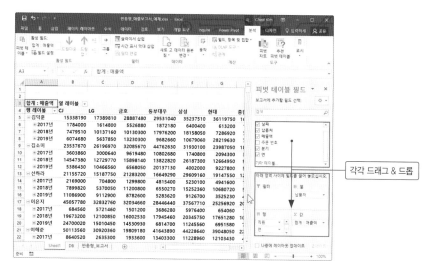

각각 드래그 & 드롭

12 그룹화된 시계열 데이터 중 임의의 셀을 마우스 오른쪽 버튼을 클릭해서 [그룹]을 실행합니다.

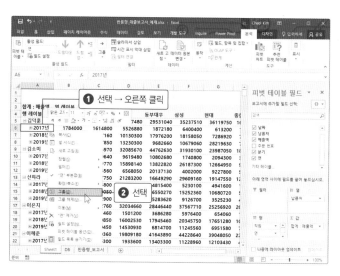

❶ 선택 → 오른쪽 클릭

❷ 선택

페이지 설정

고급 필터

특수 서식

차트 보고서

계산

표 기능

이동 및 찾기

시각화

기타

13 [반응형_보고서] 시트에서 연도별과 분기별 매출을 산출하려고 합니다. [그룹화] 창에서
[연]과 [분기]를 선택하고 [확인]을 클릭합니다.

14 다음 그림처럼 변경된 집계 데이터를 확인할 수 있습니다.

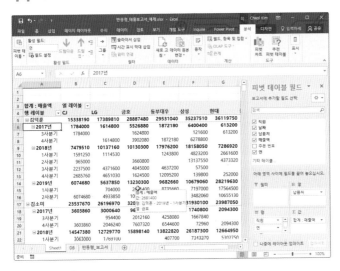

15 [반응형_보고서] 시트에서 피벗 테이블의 집계 자료를 참조해서 사용할 텐데 쉽게 선택할 수 있도록 틀 고정을 하겠습니다. [B5] 셀을 선택하고 [보기] 탭 – [창] 그룹 – [틀 고정] – [틀 고정]을 클릭합니다.

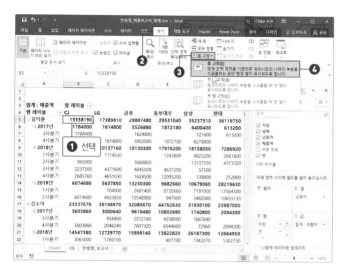

16 [반응형_보고서] 시트를 선택하고 [B6] 셀을 클릭한 뒤 =를 입력합니다.

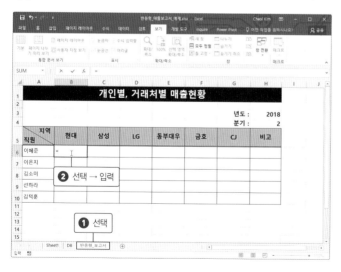

페이지 설정

고급 편집

피벗 테이블

차트 보고서

함수

표 기능

이동 및 찾기

시각화

기타

17 다시 피벗 테이블을 만들어 놓은 시트로 이동합니다. '이혜준' 직원이 '현대' 납품처에 '2018년 2분기'에 발생시킨 매출액인 [G59] 셀을 선택하고 Enter를 눌러 수식을 입력합니다.

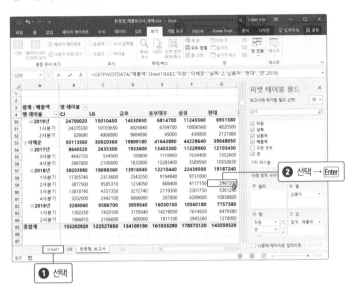

18 GETPIVOTDATA 수식에서 첫 번째 변수인 '이혜준'을 마우스로 클릭합니다. 수식 입력줄 아래에 나열된 GETPIVOTDATA 인수 배열 중에서 [item1]에 마우스 커서를 올려서 파란색 글씨로 바뀔 때 클릭해서 블록으로 지정합니다.

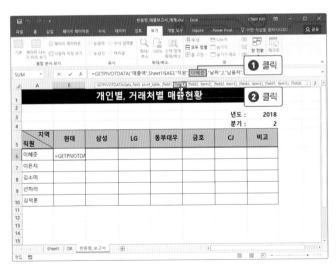

19 '이혜준' 대신 값이 들어 있는 셀로 변경합니다. [A6] 셀을 클릭하고 [F4]를 세 번 눌러서 [$A4] 형태의 혼합 참조로 변경하고 [Enter]를 누릅니다.

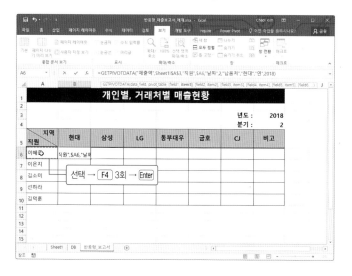

20 GETPIVOTDATA 수식의 두 번째 변수인 '2'를 마우스로 선택하고 수식 입력줄 하단의 GETPIVOTDATA 인수 배열 중 [item2]를 클릭해서 블록으로 지정합니다.

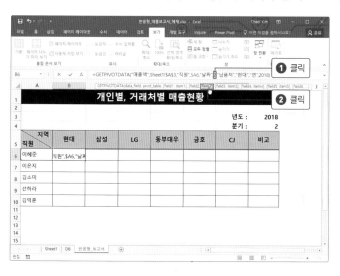

페이지 설정

고급 필터

피벗 테이블

차트 보고서

함수

키 조작

표 기능

이동 및 찾기

시각화

기타

21 '2' 대신 값이 들어 있는 셀로 변경합니다. [H4] 셀을 클릭하고 F4 를 한 번 눌러서 [$H$4] 형태의 절대 참조로 변경합니다.

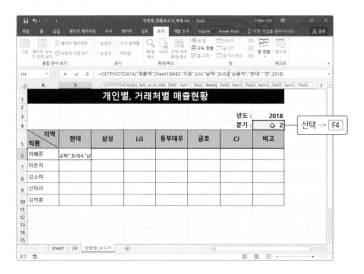

22 GETPIVOTDATA 수식의 세 번째 변수인 '현대'를 마우스로 선택하고 수식 입력줄 하단의 GETPIVOTDATA 인수 배열 중 [item3]을 클릭해서 블록으로 지정합니다.

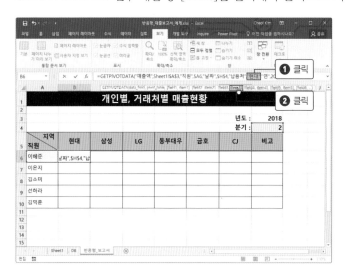

23 '현대' 대신 값이 들어 있는 셀로 변경합니다. [B5] 셀을 클릭하고 F4 를 두 번 눌러서 [B$5]
형태의 혼합 참조로 변경합니다.

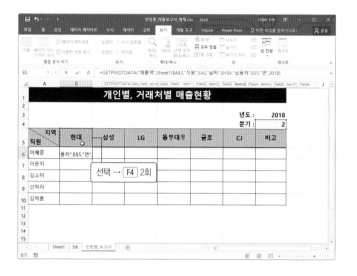

24 GETPIVOTDATA 수식의 마지막 네 번째 변수인 '2018'을 마우스로 선택하고 수식 입력줄
하단의 GETPIVOTDATA 인수 배열 중 [item4]을 클릭해서 블록으로 지정합니다.

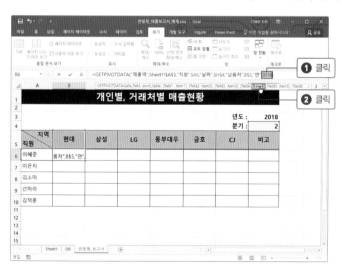

25 '2018' 대신 값이 들어 있는 셀로 변경합니다. [H3] 셀을 클릭하고 F4 를 한 번 눌러서 [$H$3] 형태의 절대 참조로 변경하고 Enter 를 눌러 수식을 완성합니다.

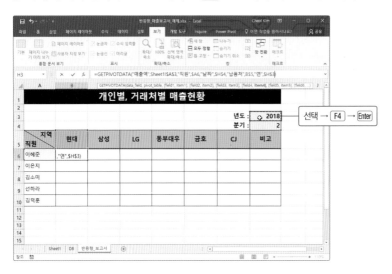

26 [B6] 셀의 수식을 복사해서 [G10] 셀까지 붙여 넣습니다.

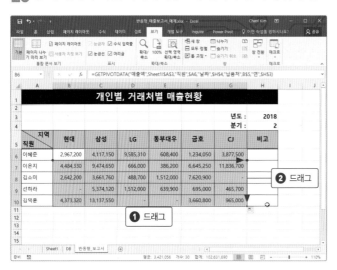

27 2018년 3분기 매출을 확인해 보겠습니다. [H4] 셀을 선택하고 드롭다운 버튼을 클릭해서 '3'을 선택합니다. 선택하는 순간 매출액이 자동으로 변경됩니다.

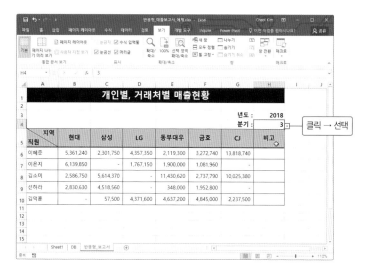

28 이때 [H3] 셀을 선택하고 '2019'를 선택하면 매출액 집계가 모두 오류로 표시됩니다. 그 이유는 데이터베이스에 해당 기간이 없기 때문입니다.

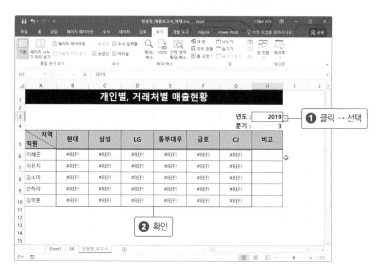

29 수식에 오류가 생겼을 때 다른 문자로 변환하기 위해서 IFERROR 수식을 추가하겠습니다. [B6] 셀을 선택하고 =IFERROR(GETPIVOTDATA("매출액",Sheet1!$A$3,"직원",$A6,"날짜",$H$4,"납품처",B$5,"연",$H$3),0)으로 수식을 변경합니다.

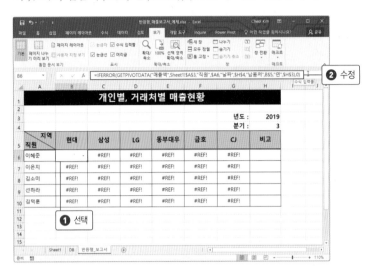

30 수정한 [B6] 셀의 수식을 복사해서 [G10] 셀까지 붙여 넣습니다.

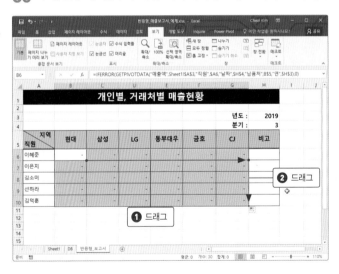

31 데이터베이스에 있는 기간을 선택하면 어떻게 될까요? 2019년 1월을 선택하면 정상적인 값으로 나타납니다.

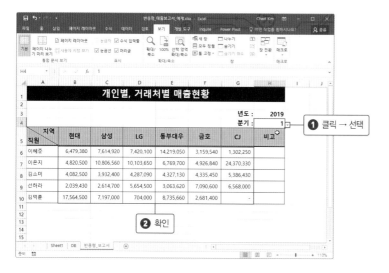

32 다른 오류가 생기는 것을 확인하기 위해서 [B6] 셀 수식을 어전 수식으로 되돌려 놓습니다. 수식에서 앞에 추가했던 IFERROR(와 뒤쪽에 추가했던 ,0)만 제거한 후 수식을 다시 [G10] 셀까지 복사, 붙여넣기 합니다. 피벗 테이블이 있는 시트로 이동해서 A 열에 있는 데이터를 하나 선택하고 [분석] 탭 − [활성 필드] 그룹 − [필드 축소]를 두 번 클릭해서 보고서를 간략하게 줄여둡니다.

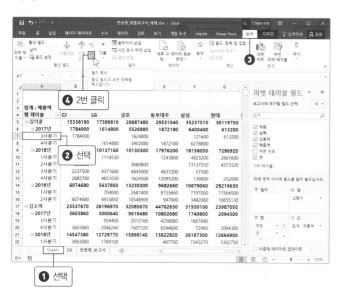

33 다음 그림처럼 기간 필드가 축소된 상태로 바뀌었습니다.

34 [반응형_보고서] 시트로 이동해 보면 데이터가 정상적으로 있는 기간이 선택된 상태인데 모두 오류로 나타납니다. 반응형 보고서를 작성할 때 필드를 간략히 축소해서 사용하면 오류가 생기는 주의하세요.

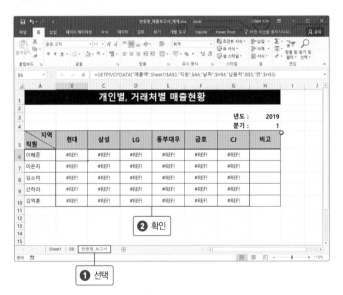

35 다시 피벗 테이블이 있는 시트로 이동해서 [분석] 탭 – [활성 필드] 그룹 – [필드 확장]을 두 번 클릭합니다. 그런 다음 [반응형_보고서] 시트를 확인하면 정상적으로 금액이 산출됩니다.

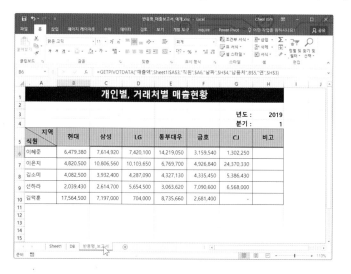

36 또 다른 오류 유형은 유효성 검사로 지정한 기간을 숫자가 아닌 텍스트로 입력했을 때 오타가 있다면 발생합니다. 예를 들어 각 분기를 '1분기', '2분기'와 같은 글자로 유효성 검사를 지정하면 모두 오류로 표시됩니다.

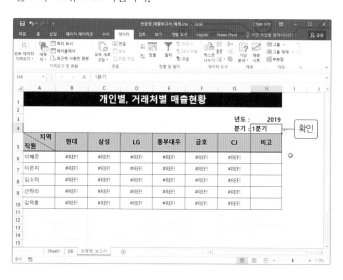

37 피벗 테이블 보고서를 확인하면 '1분기'가 아니라 '1사분기'로 입력된 것을 확인할 수 있습니다.

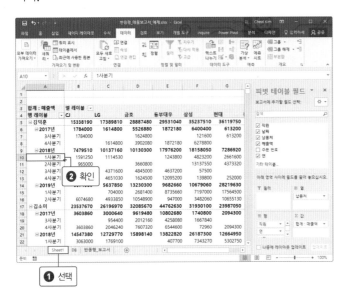

38 [반응형_보고서] 시트로 와서 [H4] 셀의 데이터 유효성 검사를 다시 '1사분기', '2사분기'로 오타를 수정하고 확인하면 정상적으로 금액이 산출됩니다.

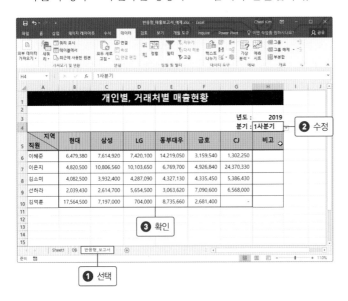

39 마지막으로 =를 입력하고 피벗 테이블 자료를 클릭했는데도 GETPIVOTDATA 수식이 자동으로 생성되지 않을 수 있습니다. 이는 엑셀 옵션에서 확인해야 합니다. [파일] 탭 – [옵션]을 실행합니다.

40 [수식] 탭의 [수식 작업]에서 [피벗 테이블 참조에 GETPIVOTDATA 함수 사용] 항목이 체크되어 있지 않으면 피벗 테이블을 참조해도 GETPIVOTDATA 수식이 자동으로 생성되지 않습니다.

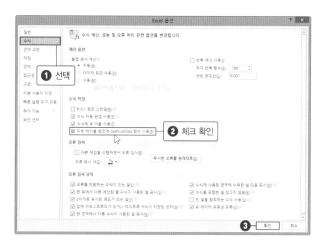

페이지 설정

고급 편집

피벗 테이블

차트 보고서

함수

키조작

표 기능

이동 및 찾기

서식파일

기타

시트에 있는 셀 값을 참조해서 유효성 검사 지정하기

데이터 유효성 검사를 지정할 때 직접 입력하지 않고 시트에 있는 값을 참조할 수도 있습니다. 임의의 셀에 2017부터 2019까지를 입력한 다음 [H3] 셀을 선택하고 [데이터] 탭 – [데이터 도구] 그룹 – [데이터 유효성 검사]를 클릭합니다. [데이터 유효성] 창에서 [제한 대상]은 '목록'을 선택하고 [원본] 입력란에는 참조 범위인 [D12:D14] 셀을 드래그해서 지정하면 됩니다.

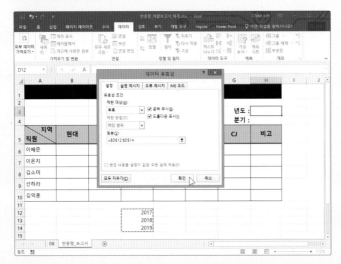

만약 데이터 유효성 검사의 목록으로 사용한 [D14] 셀 데이터를 지우면 [H3] 셀의 목록에서도 해당 값이 사라지니 주의하세요.

데이터가 빈 셀도 선으로 연결시켜 차트 만들기

TIP
082

| 2007 | 2010 | 2013 | 2016 | Office 365 |

차트 보고서를 작성할 때 매출이 없는 달을 0으로 표시하지 않고 빈 칸으로 비웠을 때 매출 추이를 분석하려고 꺾은선 차트를 만들면 선이 끊겨진 형태로 나타납니다. 빈 셀 때문에 중간 중간 끊긴 차트를 연결해서 추이 곡선을 만드는 방법을 알아보겠습니다.

📁 **예제 파일** | 빈셀_연결차트_예제.xlsx **완성 파일** | 빈셀_연결차트_완성.xlsx

01 예제를 열어서 차트를 보면 딸기의 판매 현황이 차트로 작성되어 있습니다. 그런데 매출이 없는 달의 셀은 빈 칸으로 처리되어 매출 추이 곡선이 끊겨 있습니다. 이렇게 끊긴 추이 곡선을 연결된 선으로 처리하려고 합니다. 먼저 차트의 그림 영역을 마우스 오른쪽 버튼을 클릭해서 [데이터 선택]을 선택합니다.

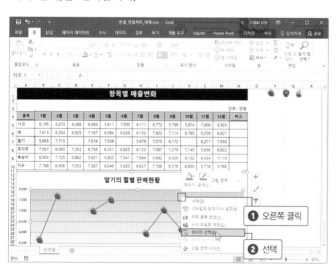

02 [데이터 원본 선택] 창이 나타나면 [숨겨진 셀/빈 셀]을 클릭합니다.

03 [숨겨진 셀/빈 셀 설정] 창에서 [선으로 데이터 요소 연결]을 체크하고 [확인]을 클릭합니다.

PLUS 이때 빈 셀의 값을 0으로 처리해서 선을 연결하려면 [숨겨진 셀/빈 셀 설정] 창에서 빈 셀 표시 형식을 [0으로 처리]로 선택하면 됩니다.

04 [데이터 원본 선택] 창 역시 [확인]을 클릭해서 닫습니다.

05 차트를 확인하면 추이 곡선이 연결된 것을 확인할 수 있습니다.

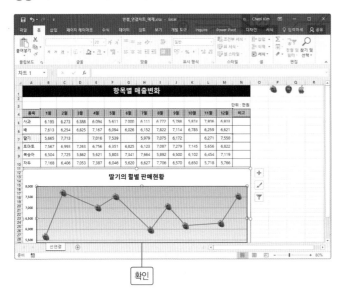

비교 분석이 쉬운 반원 차트 그리기

2007	2010	2013	2016	Office 365

분포를 나타낼 때 가장 많이 사용되는 차트는 원형 차트입니다. 이런 원형 차트를 변형해서 반원 형태로 차트로 만들면 비교 범위가 줄어들어 좀 더 쉽게 확인할 수 있습니다. 원형 차트를 편집하기 쉽게 작성할 수 있는 다양한 방법을 알아보겠습니다.

◉ 예제 파일 | 반원차트_예제.xlsx   완성 파일 | 반원차트_완성.xlsx

01 예제를 확인하면 대리점별 매출 분포가 작성되어 있는데 지점과 매출 비율로 반원 차트를 그리려고 합니다. 먼저 [C19] 셀에 =SUM(C5:C18)을 입력해서 매출 비율의 합계를 산출합니다.

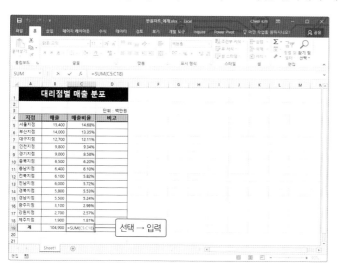

PLUS
반원 차트를 그릴 때 데이터로 나타내는 계열의 합계를 산출한 합계까지 차트로 만들면 쉽게 만들 수 있습니다. 그 이유는 지점별 분포의 총 합인 100%와 합산해서 산출한 100%가 더해져서 200%의 원형 차트를 만들기 때문입니다.

02 차트로 작성될 범위 [A4:A19]를 선택하고 Ctrl을 누른 채로 [C4:C19] 셀을 선택합니다. 선택한 상태에서 [삽입] 탭 − [차트] 그룹 − [원형 또는 도넛형 차트 삽입] − [2차원 원형] − [원형]을 클릭합니다.

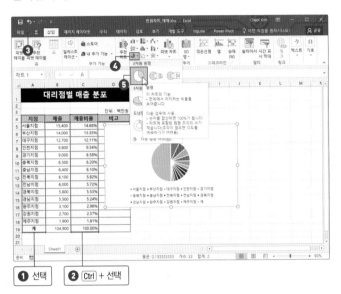

03 차트가 삽입되면 중앙에 있는 원을 마우스 오른쪽 버튼으로 클릭해서 [데이터 계열 서식]을 클릭합니다.

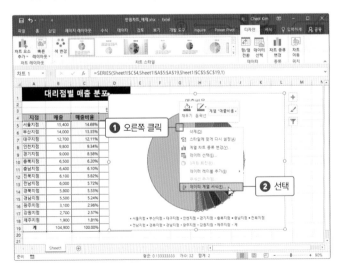

04 [데이터 계열 서식] 창이 나타나면 [계열 옵션] – [첫째 조각의 각]에 '270'을 입력합니다. 그러면 반원이 아래쪽으로 회전됩니다.

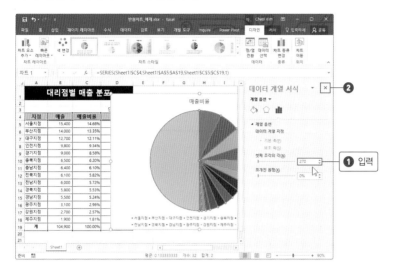

05 차트의 레이블을 나타내기 위해 원을 마우스 오른쪽 버튼으로 클릭해서 [데이터 레이블 추가]를 클릭합니다.

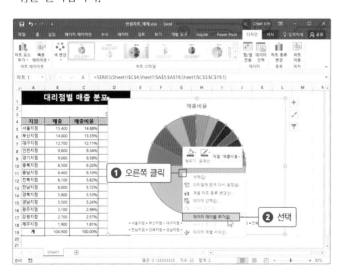

06 데이터 레이블이 나타났지만 계열 요소가 너무 많아 범례의 색만으로는 정확히 지점을 확인할 수가 없습니다. 이런 경우는 범례를 지우고 레이블에 항목 이름을 표시하는 것이 더 효과적입니다. 먼저 아래쪽 [범례]를 선택하고 Delete를 눌러 삭제합니다.

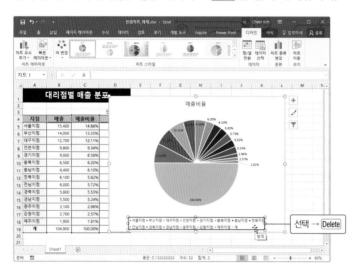

07 데이터가 입력되어 있는 레이블을 선택한 후 마우스 오른쪽 버튼을 클릭해서 [데이터 레이블 서식]을 클릭합니다.

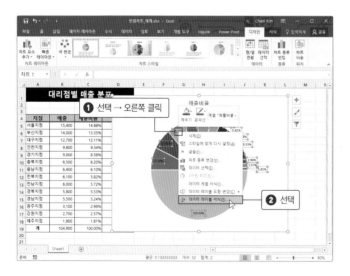

08 [데이터 레이블 서식] 창이 나타나면 [레이블 옵션] – [레이블 내용] 중에서 [항목 이름]을 체크합니다.

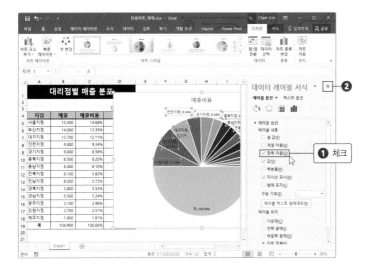

09 아래쪽 반원의 레이블만 삭제하겠습니다. 레이블을 선택하면 전체 레이블이 선택되고 2~3 초 후 다시 하단부의 '계 : 100%' 레이블을 클릭하면 해당 레이블만 선택됩니다. 선택한 후 Delete 를 눌러 삭제합니다.

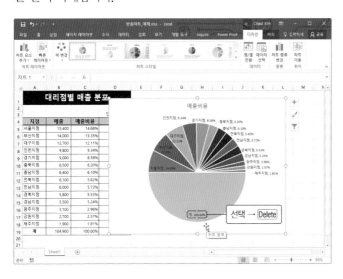

10 반원 차트를 만들기 위해서 아래쪽의 반원을 투명하게 변경합니다. 원을 클릭하면 전체 원이 선택되고 2~3초 후 아래쪽 반원을 다시 클릭하면 아래쪽 반원만 선택됩니다. 선택한 반원을 마우스 오른쪽 버튼으로 클릭해서 [데이터 요소 서식]을 클릭합니다.

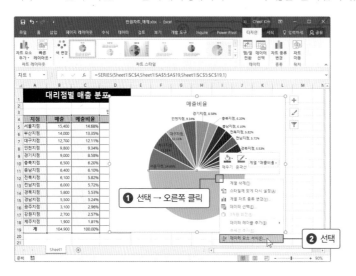

11 [데이터 요소 서식] 창이 나타나면 [채우기 및 선] – [채우기]에서 [채우기 없음]을 선택합니다.

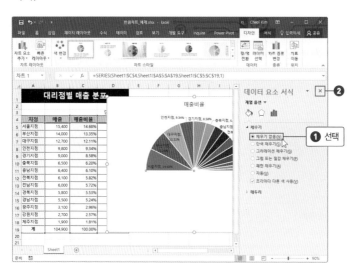

12 차트의 제목을 데이터의 제목과 연동시키려고 합니다. 차트의 제목을 선택하고 수식 입력줄을 클릭한 뒤 =를 입력합니다. 참조할 셀인 [A1] 셀을 클릭하고 Enter 를 누릅니다.

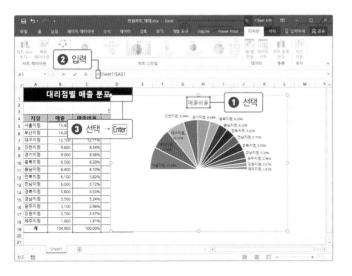

13 [A1] 셀의 제목을 '대리점별 매출 분포 현황'으로 변경하고 Enter 를 누르면 차트의 제목도 같이 변경됩니다.

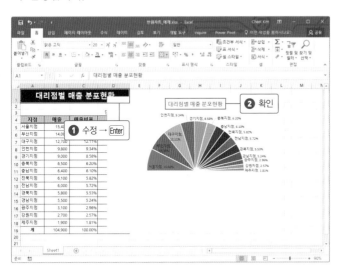

페이지 설정

고급 편집

피벗 테이블

차트 보고서

함수

기초차

표 기능

이동 및 찾기

시각화

기타

차트에 필요한 계열 추가해서
매출 분석 차트 완성하기

2007	2010	2013	2016	Office 365

차트에 필요한 계열을 추가해서 매출 실적을 더 효과적으로 비교할 수 있습니다. 매출 계획 막대와 실적 막대를 서로 겹쳐서 보기 쉽게 나타낸 다음 매출 평균 데이터를 추가로 만들어서 차트에 추가하는 방법을 익힙니다. 목표 대비 실적도 나타내고 실적의 평균과의 차이도 표시하는 차트 작성법을 알아보겠습니다.

◑ **예제 파일** | 평균_계열_추가하기_예제.xlsx **완성 파일** | 평균_계열_추가하기_완성.xlsx

01 예제를 열고 차트로 만들 데이터 범위인 [B3:D17] 셀을 선택합니다. [삽입] 탭 – [차트] 그룹 – [세로 막대형 차트 삽입] – [2차원 세로 막대형] – [묶은 세로 막대형]을 클릭합니다.

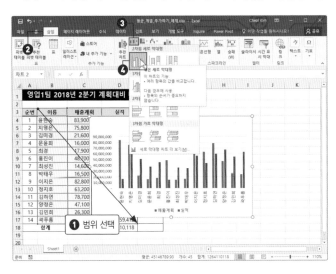

02 차트를 새로운 [Chart1] 시트에 옮겨서 작업하겠습니다. [디자인] 탭 – [위치] 그룹 – [차트 이동]을 클릭합니다.

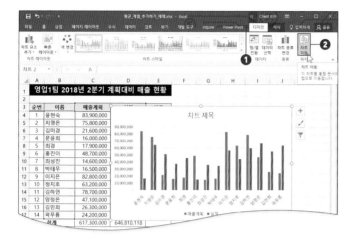

03 [차트 이동] 창이 나타나면 [새 시트]를 선택하고 [확인]을 클릭합니다.

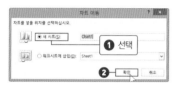

04 [Chart1] 시트로 옮겨진 차트에서 빨간색의 [실적] 막대를 선택하고 마우스 오른쪽 버튼을 클릭해서 [데이터 계열 서식]을 선택합니다.

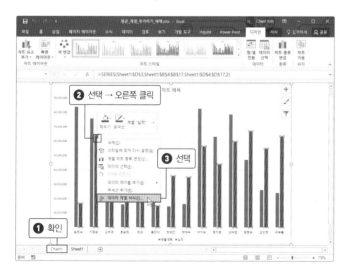

05 [데이터 계열 서식] 창이 나타나면 [계열 옵션] – [데이터 계열 지정]에서 [보조 축]을 선택합니다.

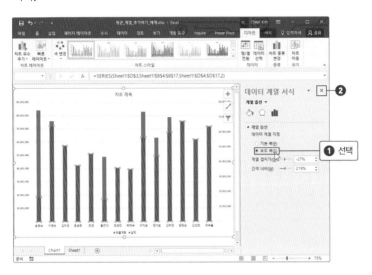

06 파란색의 매출 계획 막대 안에서 빨간색 실적 막대를 표시하기 위해 막대 너비를 조정하겠습니다. 차트에서 매출 계획 막대를 선택하고 마우스 오른쪽 버튼을 클릭해서 [데이터 계열 서식]을 클릭합니다.

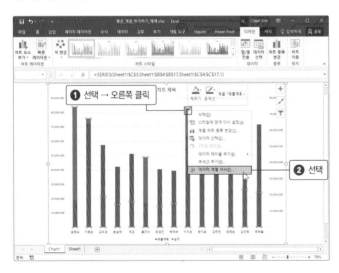

07 [데이터 계열 서식] 창에서 [계열 옵션] – [간격 너비]를 '80%'로 입력합니다.

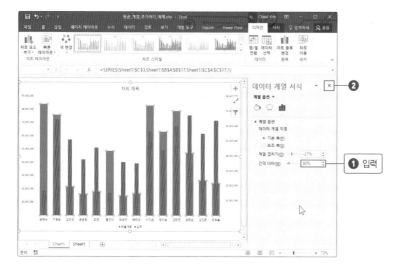

08 보조 축으로 지정한 빨간색 실적 막대의 최대값이 기본 축인 파란색 막대의 최대값과 달라서 데이터의 왜곡이 생길 수 있으므로 최대값의 크기를 동일하게 설정합니다. 차트 오른쪽에 있는 [보조 세로 (값) 축]을 선택하고 마우스 오른쪽 버튼을 클릭한 뒤 [축 서식]을 클릭합니다.

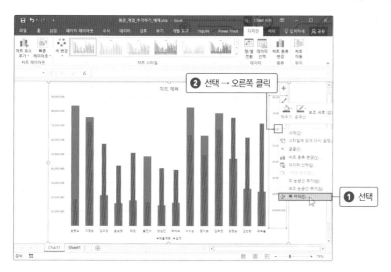

09 [축 서식] 창의 [축 옵션] – [경계]에서 [최대값]을 '9.0E7'로 수정합니다.

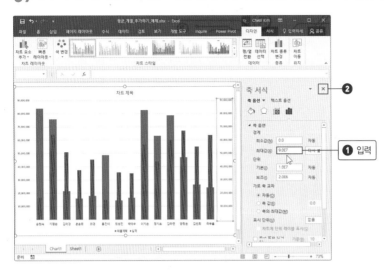

10 차트는 매출 계획 내에서 발생한 실적을 표현하는 형태로 변경되었습니다. 하지만 매출 평균을 알 수 있는 평균선이 없어서 매출 목표는 초과 달성했지만 전체 매출 평균보다 높은지 낮은지가 구분되지 않습니다. 그러므로 매출 평균 계열을 추가하겠습니다. [Sheet1]으로 이동해서 [G3] 셀에 '평균'이라고 입력하고 [G4] 셀에는 =AVERAGE($D$4:$D$17)으로 수식을 입력하고 Enter 를 누릅니다.

11 [G4] 셀의 오른쪽 아래의 채우기 핸들(+)을 [G17] 셀까지 드래그해서 수식을 모두 채웁니다.

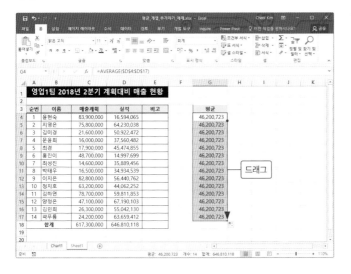

12 [Chart1] 시트로 돌아와서 그림 영역을 마우스 오른쪽 버튼으로 클릭하고 [데이터 선택]을 클릭합니다.

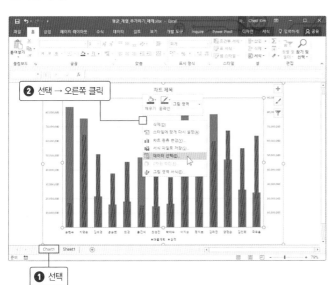

13 [데이터 원본 선택] 창이 나타나면 [범례 항목(계열)]의 [추가]를 클릭합니다.

14 [계열 편집] 창이 나타나면 [계열 이름]은 [Sheet1] 시트의 [G3] 셀을 클릭해서 지정합니다.

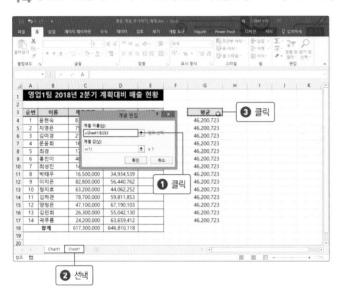

15 [계열 값]은 [Sheet1] 시트의 [G4:G17] 셀로 지정하고 [확인]을 클릭합니다.

16 [데이터 원본 선택] 창도 [확인]을 클릭해서 닫습니다.

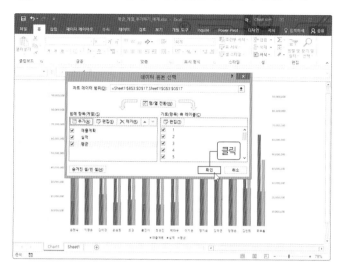

17 추가한 [평균] 계열도 묶은 세로 막대형으로 나타납니다. 추가한 묶은 세로 막대를 가로 선 형태의 평균 선으로 변경하겠습니다. 녹색의 평균 막대를 선택하고 마우스 오른쪽 버튼을 클릭 해서 [계열 차트 종류 변경]을 선택합니다.

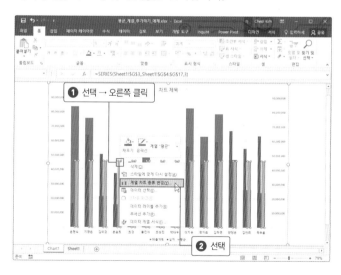

페이지 설정

고급 필터

피벗 테이블

차트 보고서

함수

기초식

표 기능

이동 및 찾기

시각화

기타

18 [차트 종류 변경] 창에서 [평균] 계열을 확장해서 [꺾은선형] – [꺾은선형]을 선택하고 [확인]을 클릭합니다.

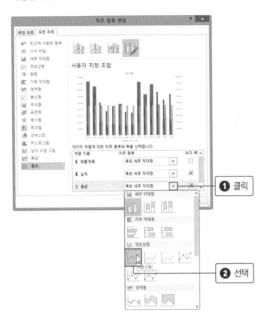

19 평균이 가로 선으로 나타납니다. 평균 선을 선택하고 마우스 오른쪽 버튼을 클릭해서 [데이터 계열 서식]을 클릭합니다.

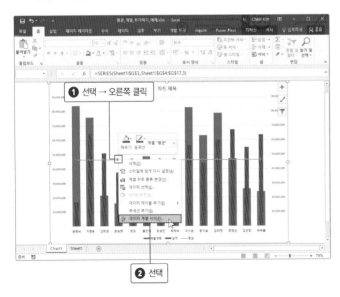

20 [데이터 계열 서식] 창에서 [채우기 및 선] – [색]을 [빨강]으로 선택합니다.

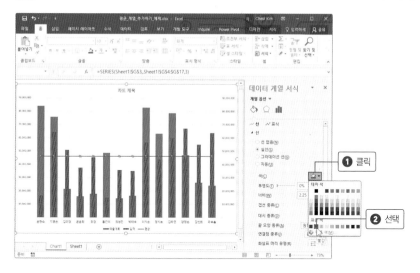

21 [데이터 계열 서식] 창에서 [채우기 및 선] – [너비]를 '3.5pt'로 설정하고 [데이터 계열 서식] 창을 닫습니다.

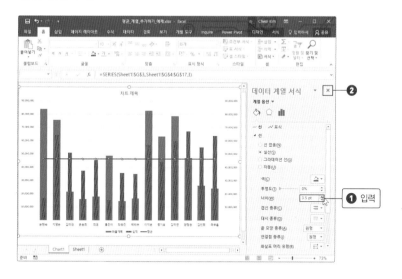

22 차트 제목을 데이터 시트의 제목과 연동시키겠습니다. 차트 제목을 선택하고 수식 입력줄에 =를 입력합니다.

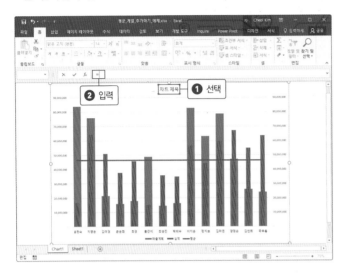

23 [Sheet1] 시트에서 참조할 셀인 [A1] 셀을 클릭하고 Enter를 누릅니다.

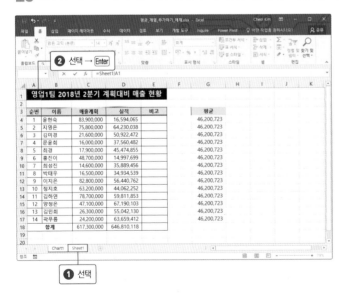

24 차트의 그림 영역에 그라데이션 효과를 주려고 합니다. 차트의 그림 영역을 선택하고 마우스 오른쪽 버튼을 클릭한 후 [그림 영역 서식]을 선택합니다.

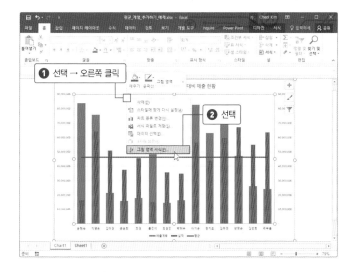

25 [그림 영역 서식] 창의 [채우기 및 선] – [채우기]에서 [그라데이션 채우기]를 클릭하고 [그림 영역 서식] 창을 닫습니다.

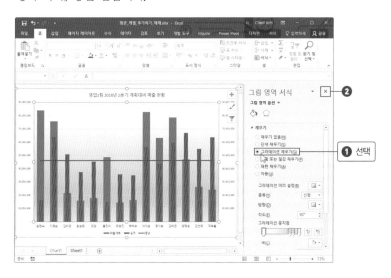

페이지 설정

고급 필터

피벗 테이블

차트

함수

기초자

표 기능

이동 및 찾기

시각화

기타

26 차트의 막대에 입체 효과를 추가해 보겠습니다. 차트의 막대를 선택하고 마우스 오른쪽 버튼을 클릭해서 [데이터 계열 서식]을 클릭합니다.

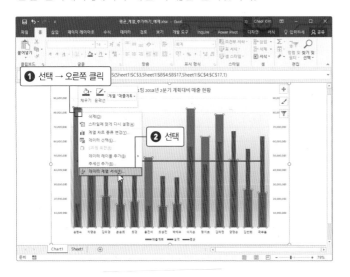

27 [데이터 계열 서식] 창의 [효과] – [3차원 서식]에서 [위쪽 입체]의 [너비]를 '6pt'로 수정합니다.

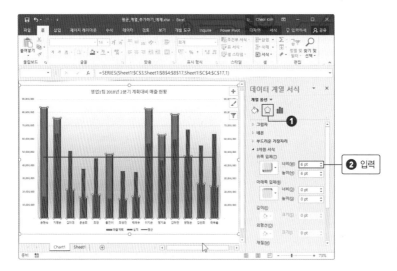

28 빨간색의 실적 막대를 클릭하면 [데이터 계열 서식] 창을 곧바로 설정할 수 있습니다. [데이터 계열 서식] 창의 [효과] – [3차원 서식]에서 [위쪽 입체]의 [너비]를 '6pt'로 수정하고 [데이터 계열 서식] 창을 닫습니다.

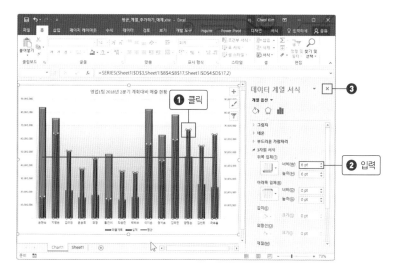

29 완성된 차트를 확인할 수 있습니다.

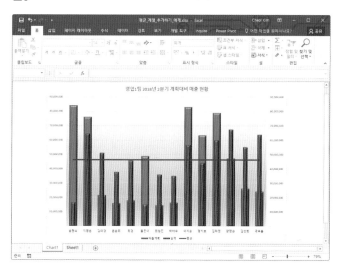

도움말을 검색하지 않고
함수 도움말 빨리 찾기

TIP
085

2007	2010	2013	2016	Office 365

엑셀에서 함수 사용은 상당히 큰 부분을 차지합니다. 그런데 자주 사용하지 않는 함수는 함수의 인수 순서를 잊기 십 상입니다. 이때 사용하려는 함수의 도움말을 손쉽게 나타내는 방법을 알아보겠습니다.

● **예제 파일** | 함수_도움말_예제.xlsx　**완성 파일** | 함수_도움말_완성.xlsx

01 예제를 열어 보면 I 열에 평점을 나타내야 합니다. 이때 사용할 VLOOKUP 함수의 도움 말을 빨리 찾는 방법에 대해 알아보겠습니다. 먼저 [I4] 셀을 선택하고 =VLOOKUP(까지 입 력하면 함수 아래쪽에 해당 함수의 인수들이 나타납니다. 아래쪽 배열 중에서 함수 이름인 VLOOKUP에 마우스 커서를 올리면 파란색으로 글씨가 변경되는데 이때 클릭합니다.

02 해당 함수의 도움말이 바로 나타납니다. 도움말을 실행하고 다시 VLOOKUP 함수의 도움 말을 찾는 것보다 훨씬 빠르게 검색하는 방법입니다.

함수를 빨리 입력하는 방법 알아보기

2007	2010	2013	2016	Office 365

엑셀 함수를 입력할 때 함수 이름이 긴 것들을 입력하다보면 오타가 생기기도 합니다. 그리고 일일이 입력하는 것도 매우 성가신 일입니다. 이때 함수를 오타 없이 빠르게 입력하는 방법을 알아보겠습니다.

예제 파일 | 함수의_빠른입력_예제.xlsx **완성 파일** | 함수의_빠른입력_완성.xlsx

01 예제는 VLOOKUP 함수로 I 열에 평점을 입력하는 것입니다. VLOOKUP 함수가 입력될 첫 번째 셀인 [I4] 셀을 선택하고 =V를 입력하면 V로 시작하는 모든 엑셀 함수가 나열됩니다. 아래쪽 화살표(↓)를 눌러서 입력하려는 VLOOKUP 함수를 선택합니다.

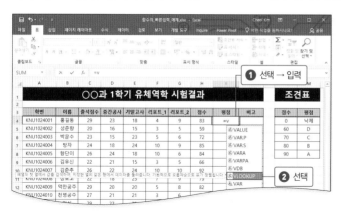

02 VLOOKUP 함수가 파란색으로 선택된 상태로 Tab 을 누르면 =VLOOKUP(까지 자동으로 입력됩니다. 그런 다음에는 함수의 첫 번째 인수를 입력할 수 있는 배열이 함수 아래쪽에 나타납니다.

PLUS
파란색 함수 목록이 나타나면 마우스로 클릭해서 선택할 수 있습니다. 그리고 선택한 함수를 더블클릭하면 Tab 를 누른 것처럼 입력할 수도 있습니다.

함수의 인수를 더 쉽게 입력하는
함수 삽입 버튼 활용하기

2007	2010	2013	2016	Office 365

엑셀을 많이 활용하지 않아서 함수 사용이 쉽지 않다면 함수의 인수를 좀 더 쉽게 입력할 수 있는 [함수 삽입] 버튼을 활용하면 좋습니다. 수식 입력줄에 아무 것도 입력하지 않고 [함수 삽입] 버튼을 클릭하면 [함수 마법사] 창이 나타나지만 여기서는 기본적인 함수를 입력한 뒤 활용하는 방법을 알아보겠습니다.

⊕ 예제 파일 | 함수삽입_버튼_예제.xlsx   완성 파일 | 함수삽입_버튼_완성.xlsx

01 예제에서 [I4] 셀을 선택하고 =VLOOKUP(까지 입력합니다. 함수의 첫 번째 인수를 입력할 수 있는 상태가 되었을 때 수식 입력줄의 [함수 삽입] 버튼(📂)을 클릭합니다.

> **PLUS** 수식 입력줄에 아무 것도 입력하지 않고 [함수 삽입] 버튼을 클릭하면 [함수 마법사] 창이 나타납니다. 여기에서 필요한 함수를 선택하고 더블클릭하면 수식 입력줄에 함수가 입력된 다음 [함수 인수] 창이 나타납니다.

02 VLOOKUP 함수의 네 가지 인수를 쉽게 넣을 수 있는 [함수 인수] 창이 나타납니다. 각각의 인수 입력란을 클릭하면 인수를 손쉽게 입력할 수 있습니다.

매출 내역에서 회원번호로
구매 내역 빠르게 조회하기

2007	2010	2013	2016	Office 365

특정 데이터에서 원하는 값을 가져올 때 가장 많이 사용하는 수식이 VLOOKUP입니다. 그런데 찾는 값이 하나의 칼럼이 아니라 여러 개의 칼럼에 분산되어 있을 때 나타낼 값의 COLUMN INDEX를 일일이 지정하게 됩니다. 이번 예제는 열 인덱스를 만들어서 한 번 입력하고 복사해서 다중 열의 값을 손쉽게 나타내는 방법을 알아보겠습니다.

◉ 예제 파일 | VLOOKUP_함수를_이용해서_다중열값_자동으로_가져오기_예제.xlsx
완성 파일 | VLOOKUP_함수를_이용해서_다중열값_자동으로_가져오기_완성.xlsx

01 매출 데이터에서 회원번호 하나를 선택하면 해당 회원의 이름, 구매 일, 품명, 규격을 나타내고 싶습니다. 먼저 회원번호를 고유한 값으로 추출하기 위해 [A3:A31] 셀을 선택하고 [Ctrl] + [C]를 눌러 복사합니다.

> [PLUS] [A3] 셀을 선택하고 [Ctrl] + [Shift] + [↓]를 누르면 [A3] 셀부터 아래쪽 방향의 연속된 마지막 셀까지 한꺼번에 선택할 수 있습니다.

02 [TMP] 시트의 [A1] 셀을 선택하고 Ctrl + V를 눌러 붙여 넣습니다.

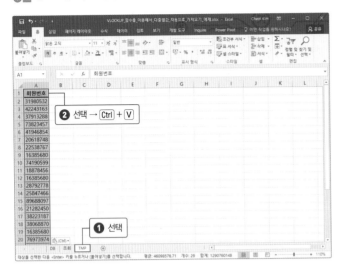

03 고유한 값을 골라내기 위해 [데이터] 탭 – [데이터 도구] 그룹 – [중복된 항목 제거]를 실행합니다.

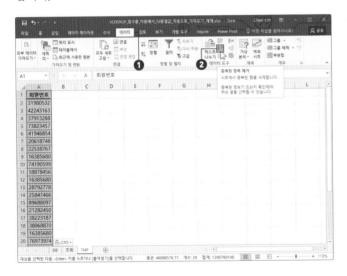

04 [중복 값 제거] 창이 나타나면 [확인]을 클릭합니다. 그리고 중복된 값을 제거했다는 메시지가 나타나면 [확인]을 클릭해서 닫습니다.

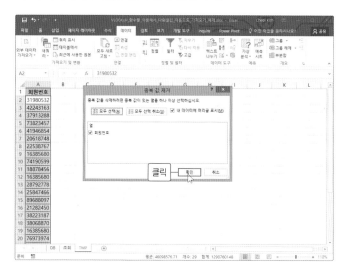

05 [A2] 셀을 선택하고 Ctrl + Shift + ↓를 눌러 전체 범위를 지정합니다. [이름 상자]를 클릭한 뒤 '회원번호'를 입력하고 Enter를 눌러 이름 정의를 합니다.

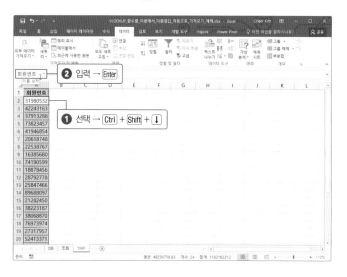

페이지 설정

고급 편집

피벗 테이블

차트·보고서

수식

키 조작

표 기능

예약·맞춤기

시간회화

기타

06 [조회] 시트로 이동해서 [A4] 셀에 데이터 유효성 검사를 지정하겠습니다. [A4] 셀을 선택하고 [데이터] 탭 - [데이터 도구] 그룹 - [데이터 유효성 검사]를 실행합니다.

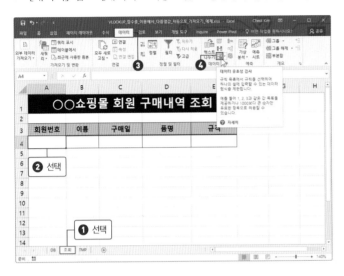

07 [데이터 유효성] 창이 나타나면 [제한 대상]은 '목록'을 선택하고 [원본] 입력란 클릭한 뒤 F3을 누릅니다. [이름 붙여넣기] 창이 나타나면 붙여 넣을 이름 정의를 선택해서 더블클릭하거나 선택한 후 [확인]을 클릭합니다.

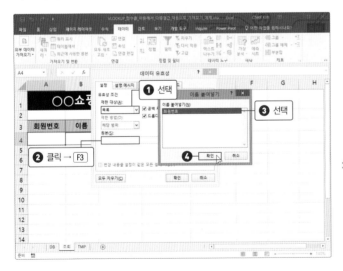

> **PLUS** 엑셀 2007 버전은 다른 시트의 값을 데이터 유효성 검사로 나타낼 수 없습니다. 그러므로 반드시 이와 같은 방법으로 이름 정의를 나타내야 합니다.

08 이름 정의까지 입력된 것을 확인하고 [확인]을 클릭합니다.

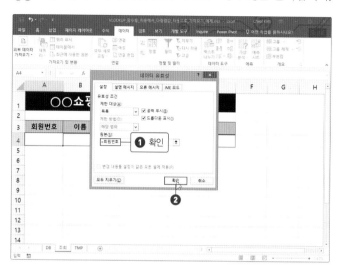

09 [A4] 셀의 드롭다운 버튼(▼)을 클릭하고 [회원번호] 중 임의의 번호를 선택합니다.

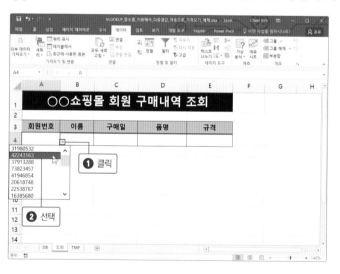

10 [DB] 시트로 이동해서 이번에는 전체 데이터 범위를 이름 정의로 지정하겠습니다. [A4] 셀을 선택하고 Ctrl + Shift + → + ↓를 차례대로 눌러서 모든 범위를 선택합니다. 그런 다음 [이름 상자]를 클릭하고 '정보'라고 입력한 후 Enter를 눌러 이름을 정의합니다.

11 [조회] 시트로 다시 이동해서 [B4] 셀에 =VLOOKUP($A4,정보,COLUMN(),0)으로 수식을 입력합니다. 해당 회원번호를 갖고 있는 사람 이름이 나타납니다.

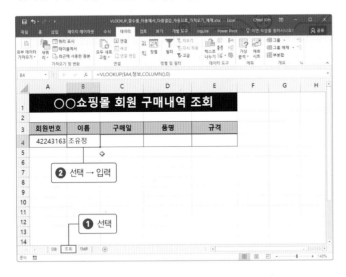

12 구매일부터 규격까지의 내용도 나타내 보겠습니다. [B4:E4] 셀을 선택하고 [F2]를 눌러 수식을 편집할 수 있는 모드로 변환한 뒤 [Ctrl]을 누른 채로 [Enter]를 누릅니다. 해당 회원번호에 맞는 이름, 구매일, 품명, 규격이 한꺼번에 나타나는 것을 확인할 수 있습니다.

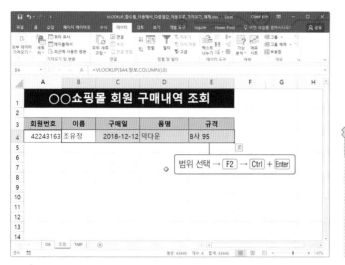

PLUS [B4] 셀의 수식을 일반적인 방법으로 드래그해서 채우면 [구매일]이 숫자로 변환됩니다. 이는 [B4] 셀의 서식까지 그대로 복사되기 때문입니다. 그러므로 서식이 변하지 않도록 특정 값이나 수식을 채우려면 [Ctrl]을 사용하면 됩니다.

13 [A4] 셀을 클릭해서 다른 회원번호를 검색해 봅니다. 검색한 회원번호의 정보로 구매 내역이 변경되는 것을 확인할 수 있습니다.

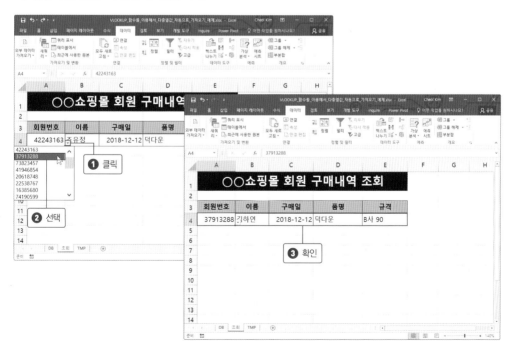

근속 기간을 산출하는 DATEDIF 함수 제대로 사용하기

2007	2010	2013	2016	Office 365

근속 기간을 0년 0개월 0일 형태로 나타내는 경우가 종종 있습니다. 그런데 근속 기간을 산출하기 위해 도움말에 있는 날짜 관련 함수를 사용하면 적용이 어렵습니다. 호환성 때문에 아직까지 남아있는 DATEDIF 함수로 근속 기간을 나타내는 방법을 알아보겠습니다.

⊙ 예제 파일 | 경력_나타내기_예제.xlsx 완성 파일 | 경력_나타내기_완성.xlsx

01 예제를 열고 [F4] 셀에 =DATEDIF(D4,E4,"y")&"년 "&DATEDIF(D4,E4,"ym")&"개월 "&DATEDIF(D4,E4,"md")&"일"로 수식을 입력합니다.

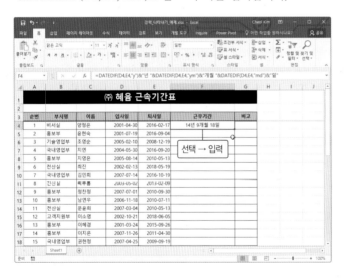

DATEDIF 함수 수식의 사용법!

DATEDIF 함수는 호환성 때문에 도움말에도 나타나지 않습니다. 이 수식의 사용법은 다음과 같습니다.

=DATEDIF(시작 일, 종료 일, 옵션)

시작 일과 종료 일 사이에 옵션이 지정한 형태로 연이나 개월, 일수를 나타냅니다. 세 번째 인수인 옵션의 기능은 다음 표와 같습니다.

옵션	설명
"y"	시작 일과 종료 일 사이에 만으로 찬 연의 개수를 나타냅니다.
"m"	시작 일과 종료 일 사이에 만으로 찬 월의 개수를 나타냅니다.
"d"	시작 일과 종료 일 사이에 만으로 찬 일의 개수를 나타냅니다.
"ym"	시작 일과 종료 일 사이에 만으로 찬 연을 제외하고 만으로 찬 월의 개수를 나타냅니다.
"md"	시작 일과 종료 일 사이에 만으로 찬 월을 제외하고 만으로 찬 일의 개수를 나타냅니다.
"yd"	시작 일과 종료 일 사이에 만으로 찬 연을 제외하고 만으로 찬 일의 개수를 나타냅니다.

02 [F4] 셀의 오른쪽 아래의 채우기 핸들(+)을 더블클릭해서 나머지 인원의 근속 기간도 구합니다.

03 [F4] 셀의 수식은 너무 길어서 이해하는 게 쉽지 않은데 보기 좋게 정리하는 방법을 알아보겠습니다. 먼저 수식 입력줄 하단으로 커서를 이동시켜 위아래 화살표 모양으로 커서가 변경되면 드래그해서 수식 입력줄 행 크기를 키웁니다.

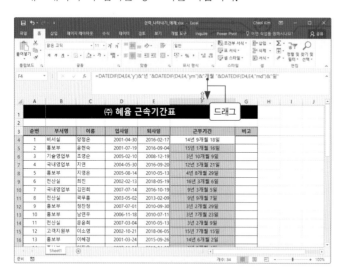

04 입력된 수식 중 '&' 문자와 'DATEDIF' 사이를 클릭해서 커서를 두고 Alt + Enter를 눌러 행을 하나씩 내립니다. 그림처럼 연, 개월, 일을 한 행씩 나타내면 좀 더 이해하기 쉬운 형태로 변경됩니다.

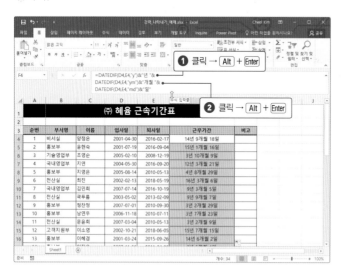

PLUS Alt를 눌러서 수식을 한 행씩 내려서 입력해도 수식이 실행되는 데는 전혀 영향을 미치거나 오류가 나타나지 않습니다.

조견표가 크로스탭일 때는
INDEX-MATCH 수식으로 값 찾기

2007	2010	2013	2016	Office 365

크로스탭 형태로 작성된 조견표에서 값을 가져와서 운송비 내역을 작성할 때도 있습니다. 이런 경우에는 INDEX-
MATCH 수식을 사용하면 되는데 이 수식을 사용할 때 크로스탭 조견표의 참조 범위를 각각 이름 정의해 놓으면 훨씬
쉽게 값을 찾을 수 있습니다.

📁 **예제 파일** | 크로스탭_조견표에서_값나타내기_예제.xlsx **완성 파일** | 크로스탭_조견표에서_값나타내기_완성.xlsx

01 예제의 [조견표] 시트를 보면 무게에 따른 화물운송비가 지역별로 나타나 있습니다. 먼저 숫
자로만 작성되어 있는 무게를 단위까지 나타나도록 [셀 서식]으로 설정하겠습니다. [B3:K3] 셀을
선택하고 마우스 오른쪽 버튼으로 클릭한 뒤 [셀 서식]을 선택합니다.

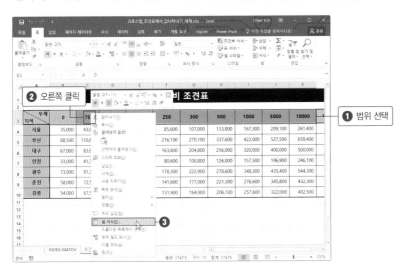

02 [셀 서식] 창의 [표시 형식] 탭에서 범주를 [사용자 지정]으로 선택합니다. [형식] 입력란에 #,##0" Kg"을 입력하고 [확인]을 클릭합니다.

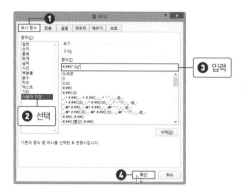

03 지역별 운송비가 작성되어 있는 모든 셀 범위를 이름 정의로 설정하겠습니다. [B4:K10] 셀을 선택하고 [이름 상자]를 클릭한 다음 '운송비'를 입력하고 Enter를 누릅니다.

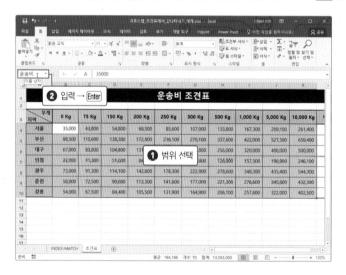

04 지역이 작성된 셀 범위도 이름 정의를 하겠습니다. [A4:A10] 셀을 선택하고 [이름 상자]를 클릭해서 '지역'을 입력하고 Enter 를 누릅니다.

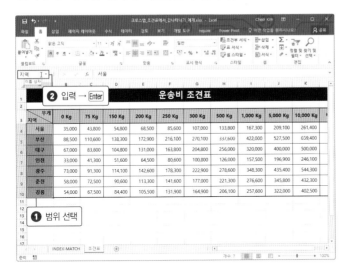

05 단위까지 표시한 무게 셀 범위도 이름 정의를 하겠습니다. [B3:K3] 셀을 선택하고 [이름 상자]를 선택합니다. '무게'를 입력하고 Enter 를 누릅니다.

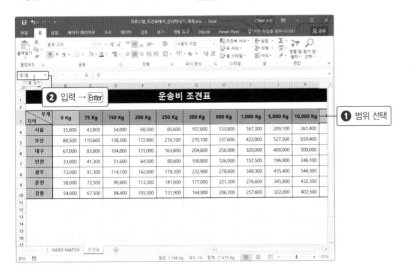

페이지 설정

고급 필터

피벗 테이블

차트 보고서

서식

키 조작

표기능

이동 및 찾기

자간화

기타

06 [INDEX−MATCH] 시트를 선택하고 비어 있는 운송비 셀에 지역별 화물 무게의 조건을 충족하는 금액을 나타내겠습니다. [D4] 셀에 =INDEX(운송비,MATCH(A4,지역,0),MATCH(B4,무게,1))로 수식을 입력합니다.

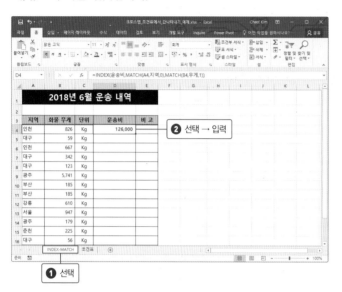

07 [D4] 셀에 작성한 수식을 [D17] 셀까지 복사하기 위해서 [D4] 셀 오른쪽 아래의 채우기 핸들(+)을 더블클릭합니다.

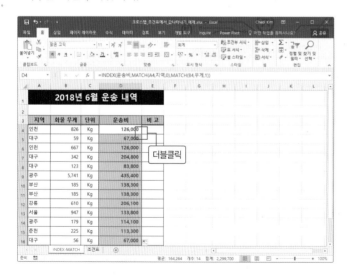

필터가 적용된 데이터의
자동 순번 만들기

페이지 설정

고급 필터

피벗 테이블

차트 보고서

함수

키 조작

표 기능

이동 및 찾기

시간저

기타

> 2007   > 2010   > 2013   > 2016   > Office 365

순번을 만들어두고 데이터를 필터링하면 순번이 1번부터 만들어지지 않습니다. 이때 필터가 적용된 데이터의 자동 순번을 만드는 방법을 알아보겠습니다. 그리고 필터를 적용한 데이터를 집계할 때 숨겨진 셀의 데이터까지 모두 집계되는데 숨겨진 셀 데이터는 빼고 필터가 적용된 데이터만 집계하는 빙법도 알아보겠습니다.

◉ **예제 파일** | 필터후_자동순번_만들기_예제.xlsx　　**완성 파일** | 필터후_자동순번_만들기_완성.xlsx

01 예제를 열고 임의의 데이터를 선택한 뒤 [데이터] 탭 − [정렬 및 필터] 그룹 − [필터]를 클릭해서 필터를 적용합니다.

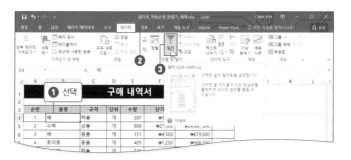

02 [B3] 셀을 선택하고 필터를 확장해서 '키위'만 선택하고 [확인]을 클릭합니다.

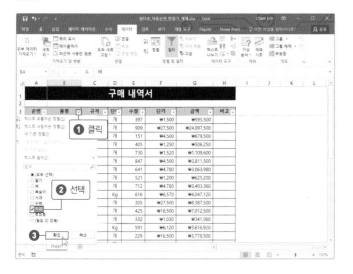

03 키위 품명으로 작성된 데이터만 정렬되었지만 순번이 1번부터 나타나지 않습니다.

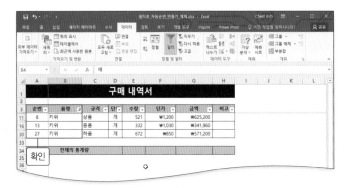

04 필터를 적용해도 자동으로 순번이 만들어지도록 [데이터] 탭 – [정렬 및 필터] 그룹 – [필터]를 다시 한 번 클릭해서 필터를 해제합니다.

05 전체 데이터에 적용되었던 필터 기능이 한꺼번에 해제됩니다.

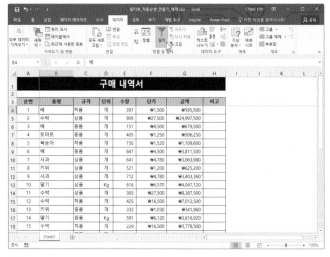

06 [A4] 셀을 선택하고 =SUBTOTAL(3,B4:B4)로 수식을 입력합니다.

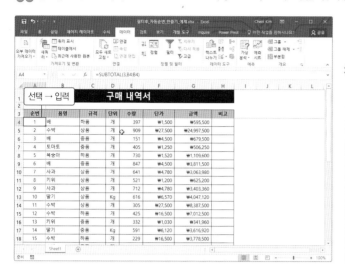

PLUS =SUBTOTAL(3,B4:B4)는 소계를
나타내는 SUBTOTAL 함수를 사용하
겠다는 의미입니다. 그리고 수식에 작
성된 숫자 3은 SUBTOTAL 함수의 기
능을 나타내는 함수 번호입니다. 3 =
COUNTA를 나타내는데 이 COUNTA
는 확인할 셀 범위에서 데이터가 들어
있는 셀의 개수를 구해줍니다. 따라서
이 수식은 [B4:B4] 셀 범위에서 텍스
트가 입력된 셀의 개수를 구해서 소계
로 나타내라는 것입니다.

07 해당 수식에서 앞쪽 [B4]를 선택하고 F4 를 한 번 눌러서 절대 참조로 변경합니다. 그래서 [A4] 셀의 수식을 =SUBTOTAL(3,$B$4:B4)로 변경한 후 Enter 를 누릅니다.

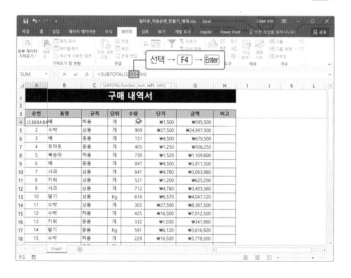

08 아래쪽에 작성된 나머지 순번 데이터도 모두 [A4] 셀의 수식을 복사해서 붙여 넣습니다.

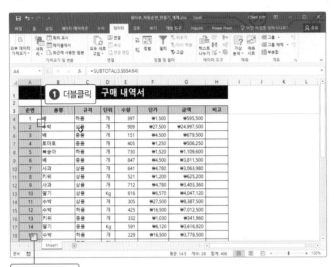

09 [데이터] 탭 – [정렬 및 필터] 그룹 – [필터]를 다시 클릭합니다.

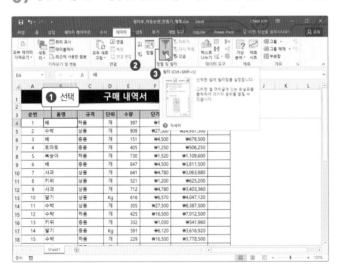

10 [B3] 셀을 선택하고 필터를 확장해서 '키위'를 선택하고 [확인]을 클릭합니다.

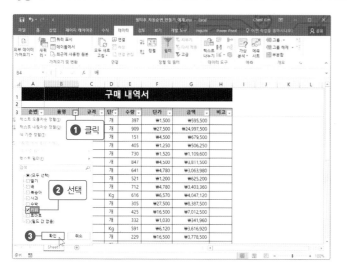

11 필터가 적용된 데이터의 순번이 이번에는 자동으로 1, 2, 3으로 나타납니다.

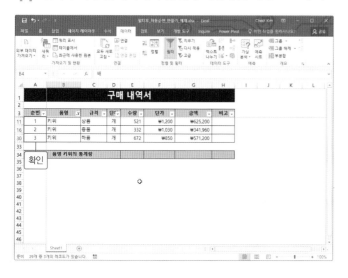

12 필터가 적용된 데이터만으로 [E34] 셀에 수량과 단가, 금액의 통계량을 나타내려고 합니다. [E34] 셀에 수식을 =SUBTOTAL(9,E4:E32)로 입력합니다.

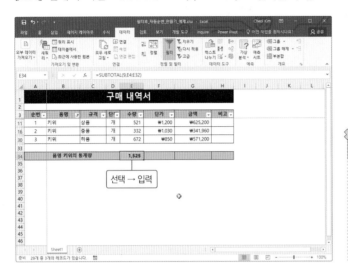

SUBTOTAL의 함수 번호 9는 SUM으로 합계를 나타냅니다. 그리고 숨겨진 셀은 무시하고 합계를 반환합니다. 그러므로 두 번째 인수로 지정한 범위인 [E4:E32] 셀 중에서 숨겨진 셀을 무시하고 화면에 나타난 셀만 합계해서 결과를 나타내게 됩니다.

13 [E34:G34] 셀을 선택하고 F2 를 눌러 수식 편집 모드로 변경합니다. 그런 다음 Ctrl + Enter 를 눌러 선택한 셀에 수식을 일괄적으로 입력합니다.

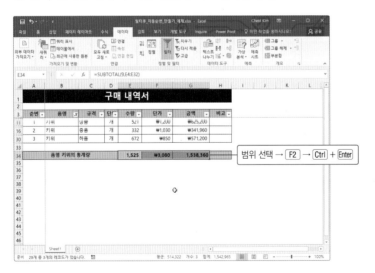

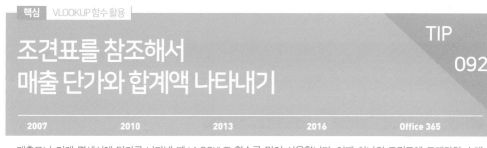

조견표를 참조해서
매출 단가와 합계액 나타내기

2007	2010	2013	2016	Office 365

매출표나 거래 명세서에 단가를 나타낼 때 VLOOKUP 함수를 많이 사용합니다. 이때 하나의 조견표에 도매가와 소매가를 같이 표기해서 관리하는 경우가 있습니다. 혹은 도매가와 소매가의 조견표를 별도로 만들어 사용하는 경우도 있는데, 이런 두 경우에 단가를 나타내는 손쉬운 방법에 대해 알아보겠습니다.

● 예제 파일 : 도소매가_나타내기_예제.xlsx   **완성 파일** : 도소매가_나타내기_완성.xlsx

01 예제를 확인하면 도매가와 소매가가 하나의 조견표에 입력되어 있습니다. 조견표를 참조해서 왼쪽 매출표의 D 열에 단가를 나타내도록 하겠습니다.

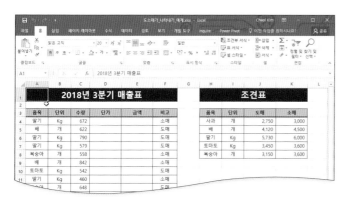

02 [D4] 셀을 선택하고 =VLOOKUP(A4,$H$4:$K$8,IF(F4="도매",3,4),0)로 수식을 입력합니다.

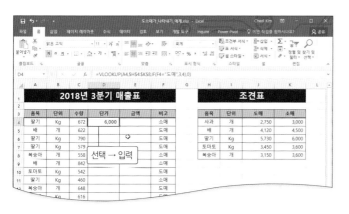

03 [E4] 셀을 선택하고 =D4*C4를 입력합니다.

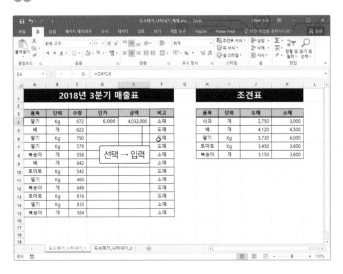

04 [D4:E4] 셀을 선택하고 셀 오른쪽 하단의 채우기 핸들(+)을 더블클릭해서 빈 셀에 수식을
채웁니다.

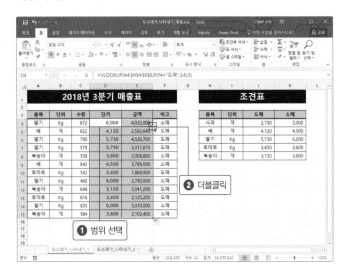

05 [도소매가_나타내기_2] 시트를 클릭합니다. 이번에는 도매가와 소매가 조견표가 별도로 작성된 경우입니다. 먼저 각 조견표에 이름 정의를 하겠습니다. [H4:J8] 셀 범위를 선택하고 [이름 상자]를 클릭해서 '도매'를 입력한 후 Enter 를 누릅니다.

06 [L4:N8] 셀을 선택하고 [이름 상자]를 선택한 뒤 '소매'를 입력하고 Enter 를 누릅니다.

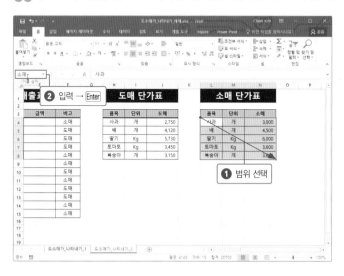

07 [D4] 셀을 선택하고 =VLOOKUP(A4,IF(F4="도매",도매,소매),3,0)로 수식을 입력합니다.

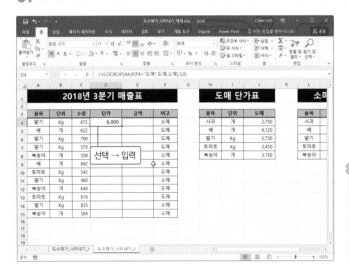

> 이름 정의를 사용할 수 있는 참조 범위로 바꾸는 INDIRECT 함수도 사용할 수 있습니다. [D4] 셀에 =VLOOKUP(A4,INDIRECT(F4),3,0)로 수식을 입력해도 같은 결과를 나타냅니다.

08 [E4] 셀을 선택하고 =C4*D4로 수식을 입력합니다.

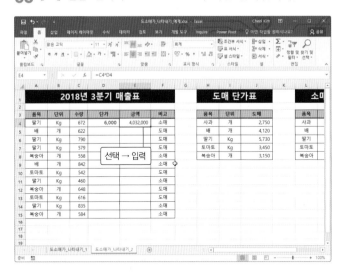

09 [D4:E4] 셀을 선택하고 셀 오른쪽 하단의 채우기 핸들(+)을 더블클릭해서 수식을 채웁니다.

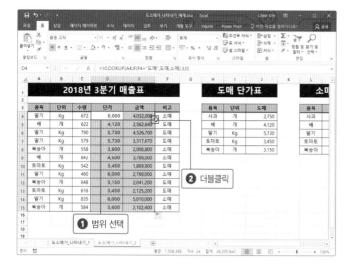

성적의 절대평가, 상대평가 구하기

2007	2010	2013	2016	Office 365

VLOOKUP 함수는 찾고자 하는 값과 정확하게 일치하는 값만 나타낼 수 있는 건 아닙니다. VLOOKUP 함수의 네 번째 인수를 참으로 지정하는 경우 사이 값을 처리할 수 있는데 해당 함수를 이용해서 손쉽게 절대평가, 상대평가 하는 방법을 알아보겠습니다.

● **예제 파일** | 절대평가_상대평가_예제.xlsx   **완성 파일** | 절대평가_상대평가_완성.xlsx

01 예제의 [L4:M8] 셀을 선택하고 [이름 상자]를 클릭한 뒤 '절대평가'를 입력하고 Enter를 누릅니다. 절대평가의 기준을 먼저 이름 정의하는 과정입니다.

02 [I4] 셀에 =VLOOKUP(H4,절대평가,2,1)로 수식을 입력합니다.

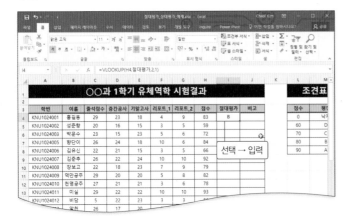

03 [I4] 셀 오른쪽 하단의 채우기 핸들(+)을 더블클릭해서 나머지 데이터에도 수식을 채웁니다.

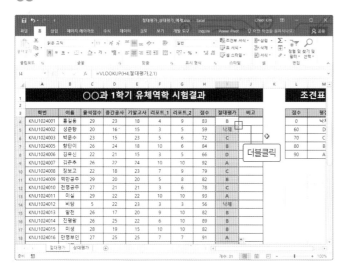

04 [상대평가] 시트를 선택해서 상대평가도 작성해 보겠습니다. 조건표를 보면 상대평가의 기준을 백분율 순위로 하고 있습니다. 먼저 [M4:N8] 셀을 선택하고 [이름 상자]를 클릭한 뒤 '상대평가'를 입력하고 Enter를 눌러 이름 정의를 합니다.

05 백분율 순위를 구하기 위해 시험 결과표에서 점수 부분도 이름 정의를 하겠습니다. [H4] 셀을 선택하고 [Ctrl] + [Shift] + [↓]를 눌러 점수가 작성되어 있는 전체 범위를 선택합니다. 그리고 [이름 상자]를 클릭한 뒤 '전체점수'를 입력하고 [Enter]를 누릅니다.

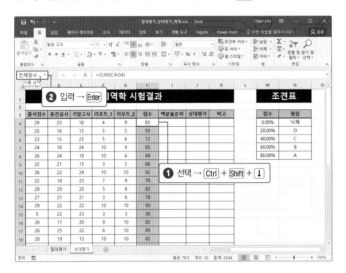

06 [I4] 셀을 선택하고 =PERCENTRANK(전체점수,H4)로 수식을 입력합니다.

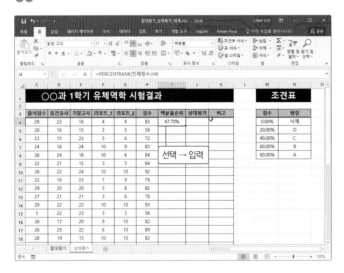

07 [J4] 셀을 선택하고 =VLOOKUP(I4,상대평가,2,1)로 수식을 입력합니다.

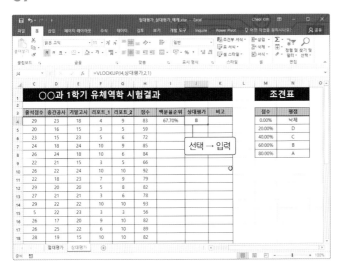

08 [I4:J4] 셀을 선택하고 셀 오른쪽 하단의 채우기 핸들(+)을 더블클릭해서 나머지 데이터도 수식을 채웁니다.

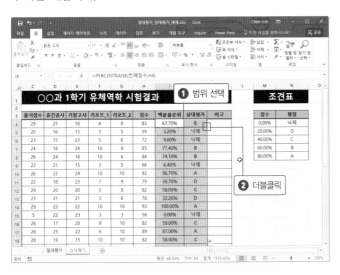

VLOOKUP 함수에서
조견표를 지우고 결과 나타내기

2007	2010	2013	2016	Office 365

VLOOKUP 함수는 현업에서 많이 활용되는 함수입니다. 하지만 이 함수는 Table Array, 즉 조견표에서 임의의 기준에 맞는 값을 나타내는 함수입니다. 이때 조견표 없이 수식을 나타내고 싶은 경우도 있습니다. 조견표 없이 VLOOKUP 수식을 적용하기 위해 배열 상수를 이용하는 방법에 대해 알아보겠습니다.

◉ 예제 파일 | 배열상수_활용하기_예제.xlsx 완성 파일 | 배열상수_활용하기_완성.xlsx

01 예제를 열고 조견표를 절대평가의 기준으로 삼기 위해 먼저 이름 정의를 하겠습니다. [L4:M8] 셀을 선택하고 [이름 상자]를 클릭한 뒤 '절대평가'를 입력하고 Enter를 누릅니다.

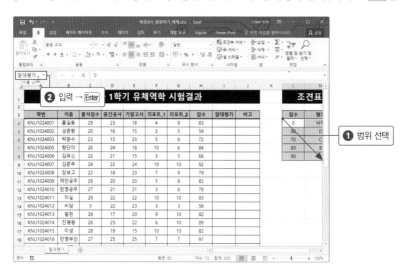

02 [I4] 셀에 =VLOOKUP(H4,절대평가,2,1)로 수식을 입력하고 나머지 데이터도 수식을 입력한 셀의 채우기 핸들(+)을 더블클릭해서 모두 채웁니다.

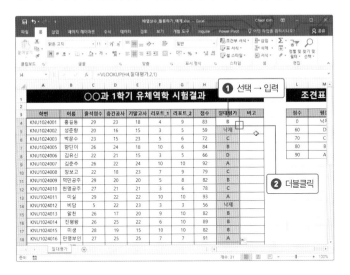

03 이때 시트를 깔끔하게 정리하기 위해 오른쪽의 조견표 없애겠습니다. [I4] 셀을 선택하고 수식 입력줄 수식에서 오른쪽 조견표에 해당하는 '절대평가' 부분을 마우스로 드래그해서 선택합니다.

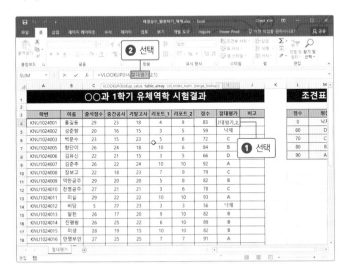

04 키보드의 F9 를 누르면 '절대평가' 부분의 값이 모두 배열 상수로 변환됩니다.

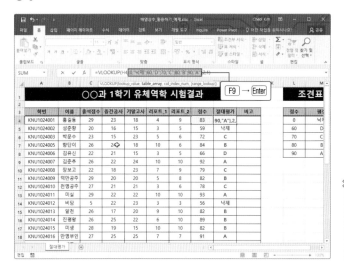

PLUS 단축키 F9 는 수식의 결과를 미리 확인해 볼 수 있게 합니다. 만약 수식이 아니라 참조인 경우라면 배열 상수로 변환해서 나타냅니다.

05 Enter 를 누르고 다시 한 번 입력한 셀의 채우기 핸들(+)을 더블클릭해서 수식을 모두 복사합니다.

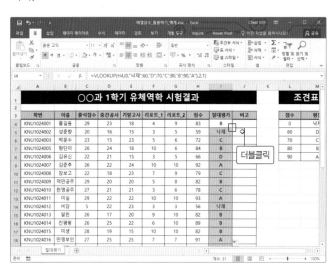

06 [L:M] 열을 모두 선택하고 마우스 오른쪽 버튼을 클릭해서 [삭제]를 선택합니다.

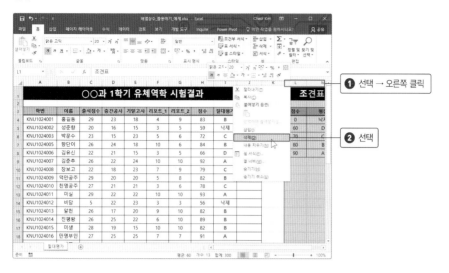

❶ 선택 → 오른쪽 클릭

❷ 선택

07 조견표가 사라졌지만 정상적인 수식 결과가 나타나는 것을 확인할 수 있습니다.

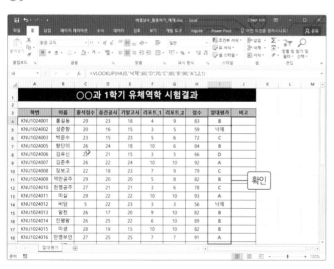

확인

정렬

채우기 색을 설정한 셀 서식으로
데이터 다시 정렬하기

TIP
095

2007	2010	2013	2016	Office 365

서식을 사용해서 데이터를 구분하는 건 그리 추천할 만하지 않습니다. 그렇지만 현업에서는 서식을 넣어 데이터 구분하는 경우도 있습니다. 이렇게 [셀 서식]의 채우기 색으로 구분한 데이터를 정렬하는 방법에 대해 알아보겠습니다.

⊕ **예제 파일** | 셀색_기준_정렬_예제.xlsx **완성 파일** | 셀색_기준_정렬_완성.xlsx

01 예제를 열고 정렬할 데이터 범위인 [A3:D17] 셀을 선택하고 [데이터] 탭 – [정렬 및 필터] 그룹 – [정렬]을 실행합니다.

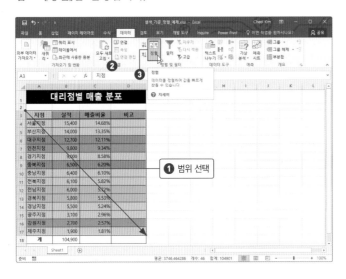

02 [정렬] 창이 나타나면 [열]의 정렬 기준은 [실적]으로 선택하고 [정렬 기준]은 [셀 색]을 선택합니다.

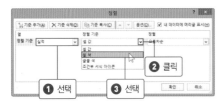

03 오른쪽에 새로 생성된 [셀 색 없음]의 드롭다운 버튼(▼)을 확장해서 처음에 정렬하려는 색을 선택합니다. 여기서는 녹색을 선택했습니다.

04 두 번째로 정렬하려는 색을 지정하기 위해 [기준 추가]를 클릭합니다.

05 [열]의 다음 기준으로 [실적]을 선택하고 [정렬 기준]은 [셀 색]을 선택합니다.

06 오른쪽에 생성된 [셀 색 없음]의 드롭다운 버튼(▼)을 확장해서 두 번째로 정렬하려는 색을 선택합니다. 여기서는 노란색을 선택했습니다.

페이지 설정

고급 필터

피벗 테이블

차트 보고서

함수

기초작

표 기능

이동 및 찾기

시각화

기타

07 다시 한 번 [기준 추가]를 클릭해서 기준을 하나 더 추가합니다. [열]의 다음 기준으로 [실적]을 선택하고 [정렬 기준]은 [셀 색], [셀 색 없음]은 분홍색을 선택합니다.

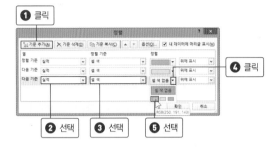

08 모든 설정이 끝났으면 [확인]을 클릭합니다.

09 셀의 색상을 기준으로 데이터가 다시 정렬된 것을 확인할 수 있습니다.

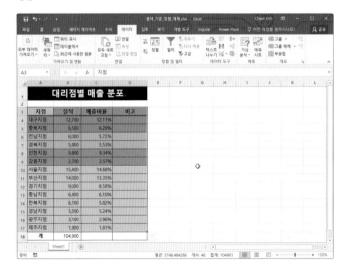

페이지 설정

고급 필터

피벗 테이블

차트 보고서

함수

기초자

표 기능

이동 및 찾기

시각화

기타

핵심 정렬

많은 데이터에 빠르게 한 행씩 일괄 삽입하기

TIP 096

2007	2010	2013	2016	Office 365

많은 양의 데이터에 한 행씩을 모두 삽입해서 정리해야 하는 경우가 있습니다. 데이터가 많지 않다면 큰 문제가 되지 않지만 데이터가 많다면 VBA를 사용해야 시간을 허비하지 않습니다. 그런데 데이터가 많아도 VBA를 사용하지 않고 일괄적으로 행을 삽입할 수 있습니다. 단시간에 한 행씩 삽입하는 방법을 알아보겠습니다.

◉ **예제 파일** | 한행씩_삽입_예제.xlsx   **완성 파일** | 한행씩_삽입_완성.xlsx

01 예제를 열고 머리글만 있는 열을 찾습니다. 현재 파일에는 없으므로 [L3] 셀을 클릭해서 '비고'라는 머리글을 하나 추가합니다.

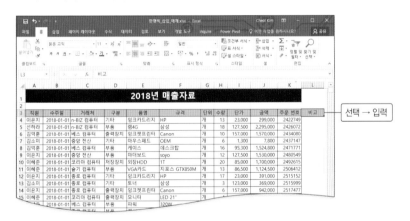

선택 → 입력

02 [L4] 셀에는 '1', [L5] 셀에는 '2'를 입력합니다.

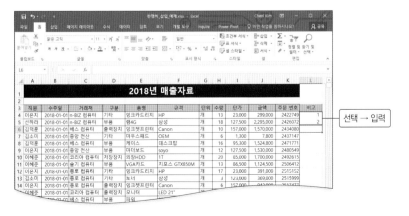

선택 → 입력

03 숫자를 입력한 [L4:L5] 셀을 모두 선택합니다. 그런 다음 [L5] 셀 오른쪽 아래의 채우기 핸들(+)을 더블클릭해서 두 데이터의 증분만큼 연속된 셀 범위를 채웁니다.

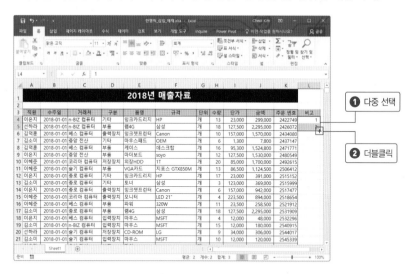

04 숫자가 채워진 셀 범위가 모두 선택된 상태로 Ctrl + C를 눌러 값을 모두 복사합니다.

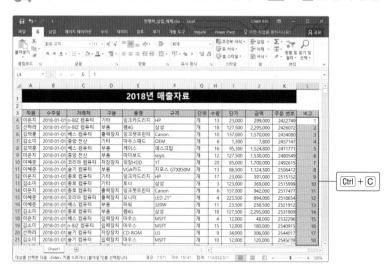

05 Ctrl + ↓ 를 눌러 가장 아래쪽 셀로 이동합니다. 마지막 셀 아래쪽에 있는 [L15145] 셀을 선택하고 Ctrl + V 를 눌러 복사한 값을 붙여 넣습니다.

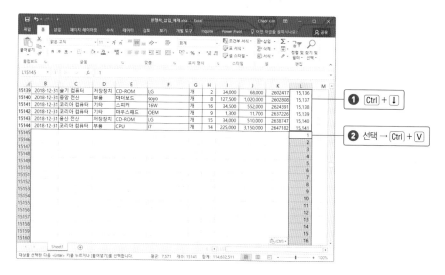

❶ Ctrl + ↓

❷ 선택 → Ctrl + V

06 Ctrl + ↑ 를 눌러 연속된 범위의 맨 위쪽 머리글인 [L3] 셀로 커서를 이동시킵니다.

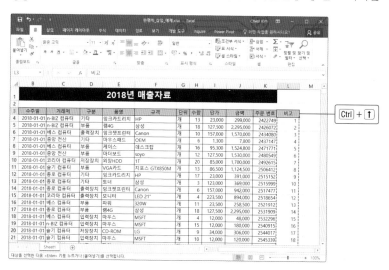

Ctrl + ↑

07 [데이터] 탭 – [정렬 및 필터] 그룹 – [텍스트 오름차순 정렬]을 클릭합니다.

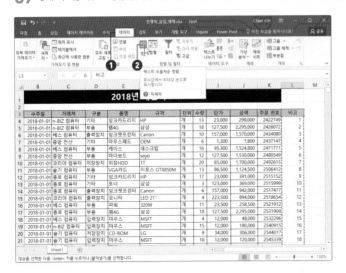

08 순식간에 모든 데이터 아래쪽에 한 행씩 삽입됩니다.

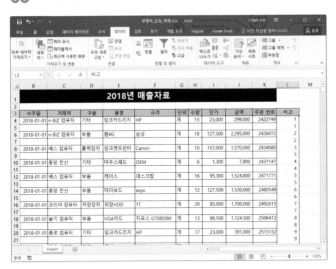

09 Ctrl + ↓를 눌러 마지막 셀로 이동하면 괘선이 사라진 것을 알 수 있는데, 서식이 없는 행을 하나씩 추가했기 때문입니다. 데이터 범위에서 괘선을 넣을 마지막 셀은 [K30285] 셀인데 서식을 복사할 때 필요하니 기억해 두세요.

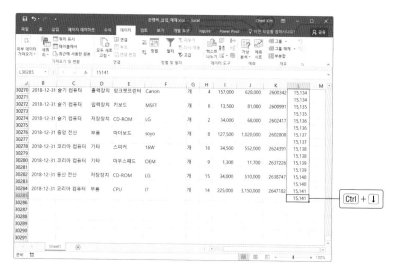

10 Ctrl + ↑를 눌러 데이터의 머리글로 이동한 뒤 [A4:K5] 셀을 선택하고 Ctrl + C를 눌러 복사합니다.

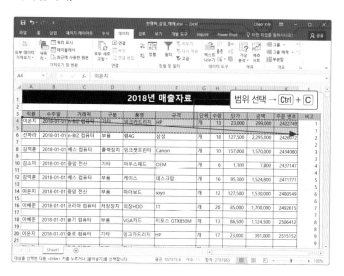

11 [이름 상자]에 선택하고 서식이 복사될 마지막 셀 주소인 'K30285'를 입력합니다.

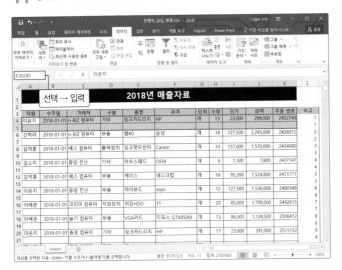

12 Shift를 누른 상태에서 Enter를 눌러서 데이터가 입력되어 있는 모든 셀 영역을 선택합니다.

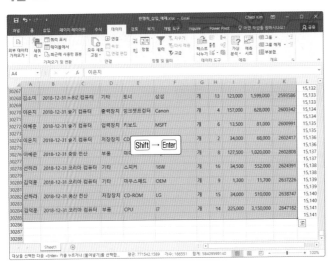

13 선택한 셀 범위를 마우스 오른쪽 버튼으로 클릭해서 [선택하여 붙여넣기]를 클릭합니다.

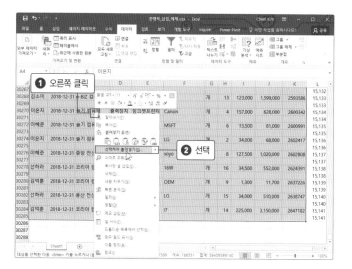

14 [선택하여 붙여넣기]] 창이 나타나면 [서식]을 선택하고 [확인]을 클릭합니다.

페이지 설정

고급 필터

피벗 테이블

차트 보고서

함수

기초자

표 기능

이동 및 찾기

시각화

기타

15 L 열을 모두 선택한 후 마우스 오른쪽 버튼을 클릭해서 [삭제]를 실행합니다.

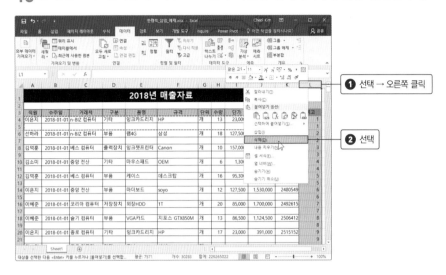

16 한 행씩 삽입하기 위해 만들었던 L 열을 삭제하고 나면 일괄적으로 한 행씩 삽입한 최종 데이터를 확인할 수 있습니다.

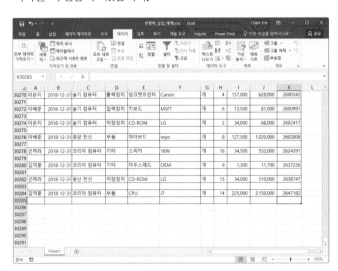

병합된 데이터는 해제해서
정상적인 데이터베이스로 만들기

2007	2010	2013	2016	Office 365

시스템이 잘 구축되어 있는 회사는 데이터 셀을 병합하는 경우가 많지 않습니다. 하지만 개인이 직접 데이터베이스를 만들어 사용하거나 외부에서 데이터베이스를 입수했을 때 병합된 셀이 있기도 합니다. 이런 병합된 데이터 셀을 정상적인 데이터베이스로 빠르게 변환하는 방법을 알아보겠습니다.

⊙ **예제 파일** | 병합데이터의_정상_데이터베이스로의_변환_예제.xlsx　**완성 파일** | 병합데이터의_정상_데이터베이스로의_변환_완성.xlsx

01 예제를 열어 보면 [D5:D7] 셀이 병합되어 있습니다. 그 외에도 여러 개의 데이터가 병합되어 있는데 이렇게 병합되어 있으면 정상적인 데이터베이스로 사용하기 힘듭니다. 병합된 셀을 풀어서 정상적인 데이터베이스로 변환해 보겠습니다. 먼저 임의의 데이터를 클릭한 뒤 Ctrl + A를 눌러 전체 데이터를 선택합니다.

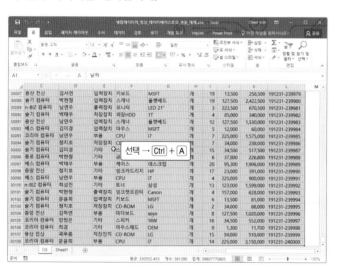

페이지 설정

고급 필터

피벗 테이블

차트 보고서

함수

키 조작

표 기능

이동 및 찾기

시간화

기타

02 [홈] 탭 - [맞춤] 그룹 - [병합하고 가운데 맞춤]을 클릭해서 병합된 셀을 모두 해제합니다.

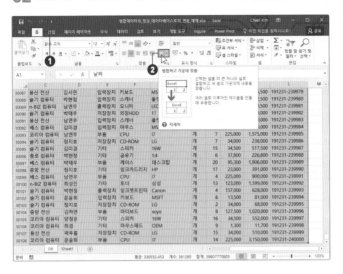

03 병합되어 있던 셀이 해제되면서 데이터가 없는 빈 셀이 생겼습니다.

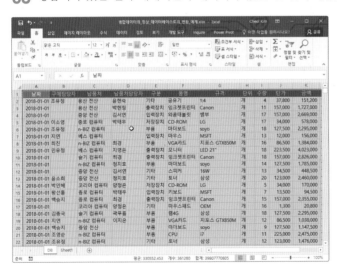

04 [홈] 탭 – [편집] 그룹 – [찾기 및 선택] – [이동]을 선택해서 데이터가 없는 빈 셀만을 찾겠습니다.

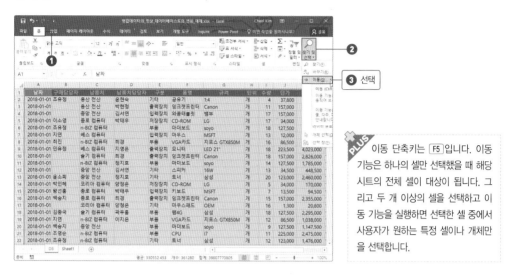

> **PLUS** 이동 단축키는 F5 입니다. 이동 기능은 하나의 셀만 선택했을 때 해당 시트의 전체 셀이 대상이 됩니다. 그리고 두 개 이상의 셀을 선택하고 이동 기능을 실행하면 선택한 셀 중에서 사용자가 원하는 특정 셀이나 개체만을 선택합니다.

05 [이동] 창이 나타나면 [옵션]을 클릭합니다.

클릭

06 [이동 옵션] 창에서 [빈 셀]을 선택하고 [확인]을 클릭합니다.

① 선택 **②**

07 선택 범위 중에서 빈 셀에만 선택된 것을 확인할 수 있습니다.

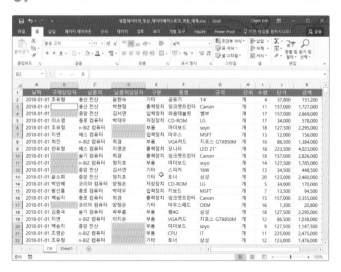

08 선택된 빈 셀은 셀 병합을 풀어서 생긴 것이기 때문에 바로 위에 있는 셀 값과 같아야 합니다. 빈 셀이 모두 선택된 상태에서 =를 입력한 다음 위쪽 화살표(↑)를 한 번 눌러서 위에 있는 셀을 선택합니다. 그런 다음 Ctrl + Enter 를 눌러서 빈 셀을 모두 채웁니다.

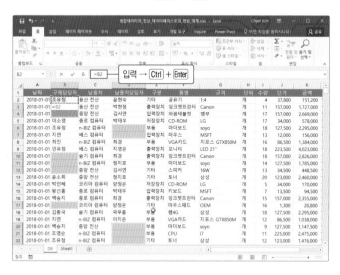

09 빈 셀들이 모두 위쪽 셀 값으로 채워졌습니다. 이렇게 채운 데이터는 모두 수식으로 채워진 값입니다.

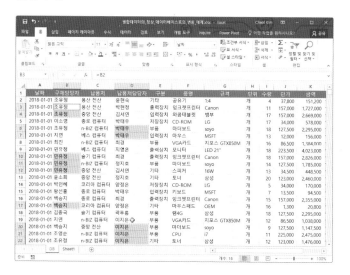

10 이렇게 채운 데이터는 모두 수식으로 채워진 값입니다. 따라서 마지막으로 데이터베이스로 활용할 수 있는 값으로 변환해야 합니다. 임의의 데이터를 선택하고 [Ctrl] + [A]를 눌러 전체 데이터를 선택한 뒤 [Ctrl] + [C]를 눌러 복사합니다.

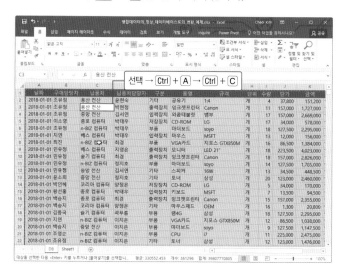

11 전체 범위가 선택된 상태로 마우스 오른쪽 버튼을 클릭한 다음 [붙여넣기 옵션:]에서 [값]을 클릭합니다.

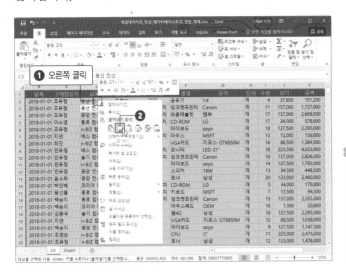

엑셀 2007 버전은 [붙여넣기 옵션:]에 [값] 항목이 없습니다. 그러므로 [선택하여 붙여넣기]를 클릭한 다음 [선택하여 붙여넣기] 창이 나타나면 [값]을 체크하고 [확인]을 클릭하면 됩니다.

12 병합된 셀이 사라지고 정상적인 데이터베이스로 변환된 모습을 확인할 수 있습니다.

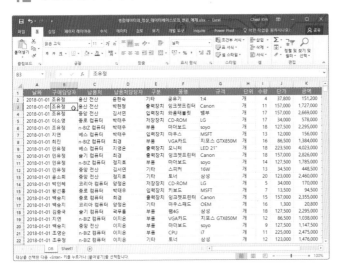

여러 시트에 분산 입력한 데이터를
하나로 통합하기

2007	2010	2013	2016	Office 365

하나의 시트에 데이터가 있으면 피벗 테이블이나 함수로 손쉽게 집계할 수 있습니다. 그런데 여러 개의 시트로 구분해 놓은 데이터를 지점이나 담당자에게 하나의 데이터로 집계해서 보낼 때도 있습니다. 이런 경우 피벗 테이블을 활용할 수도 있지만 조금 다른 기능을 이용해서 집계하는 방법을 알아보겠습니다.

◎ **예제 파일** | 다중시트_보고서작성_예제.xlsx   **완성 파일** | 다중시트_보고서작성_완성.xlsx

01 예제를 열면 [서울지점] 시트부터 [울산지점] 시트까지 제품 코드별 매출이 각각의 구분별 금액으로 나타나 있습니다. 여러 개의 시트에 나눠서 작성한 데이터를 [데이터통합] 시트에 금액 합계로 집계해 보겠습니다.

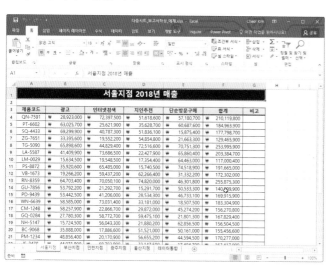

02 보고서를 작성할 위치인 [데이터통합] 시트로 이동해서 [A3] 셀을 선택합니다. [데이터] 탭 – [데이터 도구] 그룹 – [통합]을 클릭합니다.

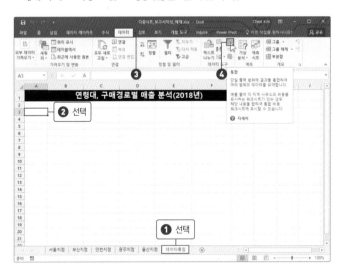

03 [통합] 창이 나타나면 여러 시트에 있는 데이터를 합계하기 위해서 [함수] 부분은 그대로 두고 [참조]의 영역 입력란을 클릭합니다. 이어서 [서울지점] 시트로 이동해서 임의의 셀을 클릭하고 Ctrl + A 를 눌러 전체 데이터를 입력합니다.

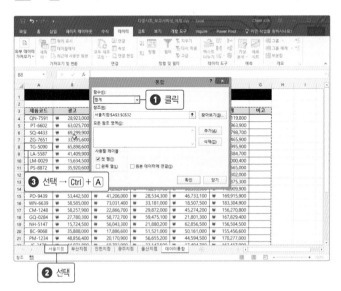

04 [통합] 창의 [추가]를 클릭하면 지정한 범위가 [모든 참조 영역]에 추가됩니다.

05 두 번째 시트인 [부산지점] 시트를 클릭해서 이동합니다. 임의의 셀을 클릭하고 `Ctrl` + `A`를 눌러 전체 데이터를 입력한 뒤 [추가]를 클릭해서 [모든 참조 영역]에 추가합니다.

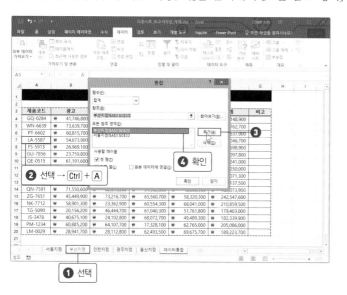

06 세 번째 시트인 [인천지점] 시트를 클릭해서 이동합니다. 임의의 셀을 클릭하고 `Ctrl` + `A`를 눌러 전체 데이터를 입력한 뒤 [추가]를 클릭해서 [모든 참조 영역]에 범위를 추가합니다.

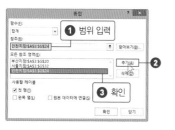

07 네 번째 시트인 [광주지점] 시트를 클릭해서 이동합니다. 임의의 셀을 클릭하고 Ctrl + A를 눌러 전체 데이터를 입력한 뒤 [추가]를 클릭해서 [모든 참조 영역]에 범위를 추가합니다.

08 마지막으로 다섯 번째 시트인 [울산지점] 시트를 클릭해서 이동합니다. 임의의 셀을 클릭하고 Ctrl + A를 눌러 전체 데이터를 입력한 뒤 [추가]를 클릭해서 [모든 참조 영역]에 범위를 추가합니다. [사용할 레이블]에서 [왼쪽 열]을 체크한 뒤 [확인]을 클릭합니다.

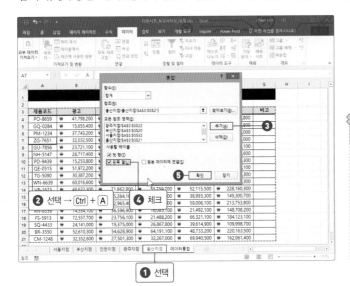

PLUS

[사용할 레이블] 부분의 [왼쪽 열]을 체크한 이유는 참조한 데이터가 일반적인 데이터베이스처럼 첫 행의 머리글 밑으로 데이터가 누적된 형태가 아니기 때문입니다. 왼쪽 열의 데이터가 누적 데이터가 아닌 크로스탭 형태처럼 유의미한 값이 나타나 있어서 레이블로 사용한 것입니다.

09 [홈] 탭 – [글꼴] 그룹 – [모든 테두리]를 선택해서 보고서의 테두리를 나타냅니다.

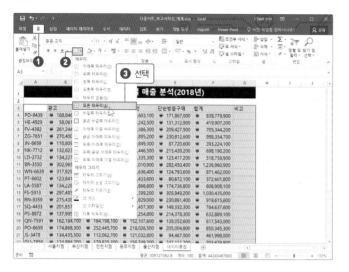

10 다중 시트의 데이터를 손쉽게 집계한 결과를 확인할 수 있습니다.

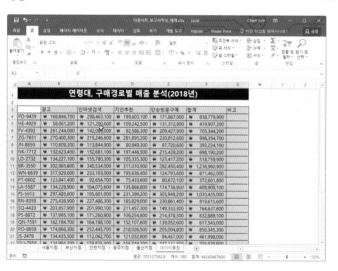

빠른 채우기 기능으로
손쉽게 주민번호 변환하기

2007	2010	2013	2016	Office 365

엑셀 2013 버전부터 생긴 빠른 채우기 기능은 사용자가 가져오거나 변환하려는 값을 한 번만 입력하면 패턴을 기억해서 나머지도 그대로 적용합니다. 이 기능으로 주민번호나 주소에서 임의의 값을 빨리 나타내는 방법을 알아보겠습니다.

◉ 예제 파일 | 주민번호_변환하기_예제.xlsx 완성 파일 | 주민번호_변환하기_완성.xlsx

01 전체 주소에서 서울시, 대구시, 경기도처럼 앞에 붙어 있는 시도만 추출해서 구분 열에 나타내려고 합니다. 이렇게 구분하는 이유는 나중에 필터로 특정 지역만 빨리 나타내기 위해서입니다. 먼저 [C4] 셀을 선택하고 B 열에서 나타낼 값인 '서울시'를 입력하고 Enter를 누릅니다.

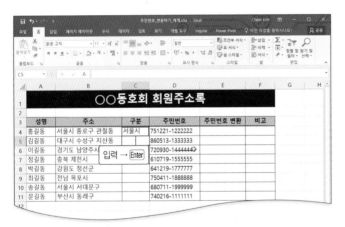

02 [데이터] 탭 − [데이터 도구] 그룹 − [빠른 채우기]를 클릭합니다.

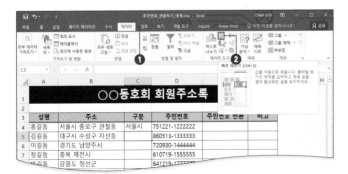

03 나머지도 같은 패턴으로 데이터가 채워지는 것을 확인할 수 있습니다.

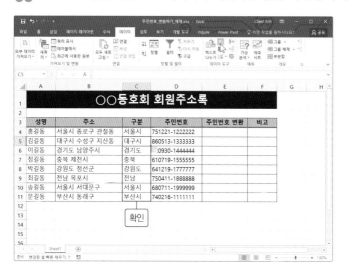

04 이번에는 주민번호를 변환하려고 합니다. [E4] 셀에 '751221–1******'를 입력하고 Enter 를 누릅니다.

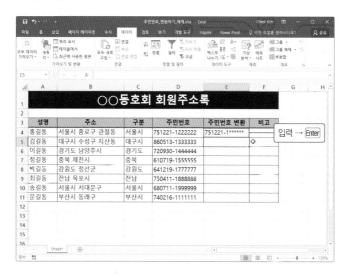

05 [데이터] 탭 – [데이터 도구] 그룹 – [빠른 채우기]를 클릭합니다.

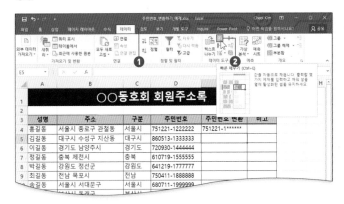

06 나머지도 같은 패턴으로 데이터가 채워졌습니다.

> **NOTE** 빠른 채우기 기능이 없는 엑셀 2007이나 엑셀 2010에서 빠른 채우기 효과내기
>
> 엑셀 2007이나 엑셀 2010을 사용하는 사람은 빠른 채우기 기능을 사용할 수 없기 때문에 함수를 이용해야 합니다.
> 먼저 [C4] 셀을 선택하고 =LEFT(B4,FIND(" ",B4)–1)로 수식을 입력한 다음 연속된 나머지 셀에 복사하면 빠른 채우기와 같은 효과를 만들 수 있습니다.
>
> 주민번호 변환도 [E4] 셀을 선택하고 =LEFT(D4,8)&"******"로 수식을 입력하면 됩니다.

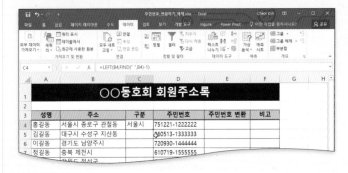

페이지 설정

고급 필터

피벗 테이블 분석

차트 보고서

함수

기초작

표 기능

이동 및 찾기

시각화

기타

핵심 목표 값 찾기

예산에 맞춘 금액을 가상 분석으로 역추산하기

TIP 100

| 2007 | 2010 | 2013 | 2016 | Office 365 |

특정 제품을 구매하려고 할 때 제품 가격에 몇 퍼센트씩 세금이 포함될 때가 있습니다. 이때 세금을 포함한 금액이 예산에 적용되도록 제품 가격을 역으로 찾아야 합니다. 엑셀의 가상 분석을 사용해서 특정 값을 역추산하는 방법을 알아보겠습니다.

◎ **예제 파일** | 예산에_맞춘_제품가격_찾기_예제.xlsx   **완성 파일** | 예산에_맞춘_제품가격_찾기_완성.xlsx

01 예제를 열고 [B5] 셀에 세금 관련 수식인 =ROUNDDOWN(B4*2.7%,-1)로 입력합니다.

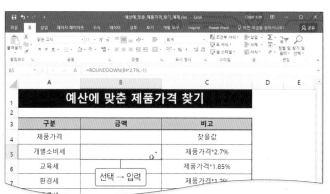

PLUS 세금은 원 단위를 징수하지 않기 때문에 ROUNDDOWN 함수를 이용했고, 두 번째 인수를 −1로 지정했으므로 원 단위는 절사됩니다.

02 [B6:B8] 셀까지는 ROUNDDOWN 함수를 사용해서 세금이 산출될 수 있도록 [B5] 셀 오른쪽 아래의 채우기 핸들(+)을 [B8] 셀까지 드래그해서 ROUNDDOWN 함수를 채웁니다.

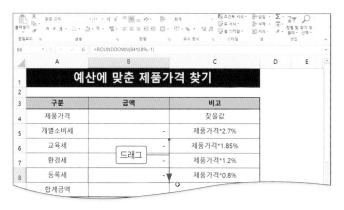

03 [B9] 셀을 선택하고 =SUM(B4:B8)을 입력합니다.

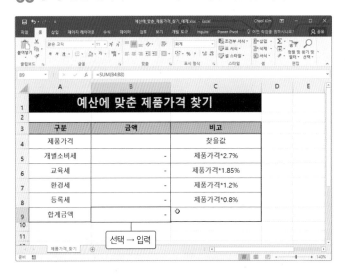

04 [데이터] 탭 – [예측] 그룹 – [가상 분석] – [목표값 찾기]를 선택합니다.

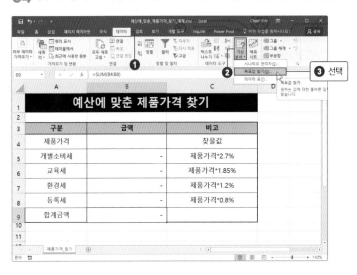

05 [목표값 찾기] 창이 나타나면 [수식 셀]은 최종 금액이 나타날 [B9] 셀을 선택해서 입력합니다. 그리고 [찾는 값]은 예산이 2억 2천만 원이라고 가정해서 '220,000,000'을 입력합니다. 마지막으로 [값을 바꿀 셀]은 찾고자 하는 제품 가격인 [B4] 셀을 선택해서 입력한 후 [확인]을 클릭합니다.

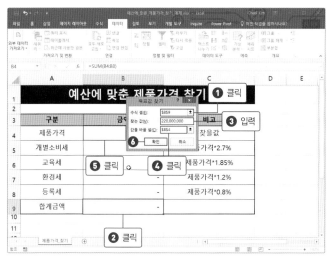

> **PLUS** 2억 2천만 원처럼 0이 많은 데이터를 입력할 때 '220000000'으로 입력하면 오타를 낼 가능성이 있으므로 '220,000,000'으로 입력하는 게 더 좋습니다.

06 세금을 포함해서 2억 2천만 원에 맞추고자 한다면 제품 가격은 206,475,850원 짜리를 사면된다는 것을 확인할 수 있습니다.

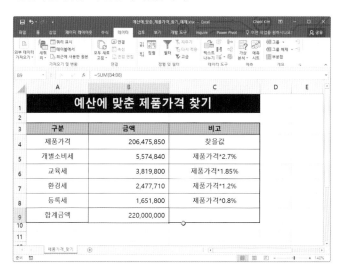

페이지 설정

바꿈 문서

피벗 테이블

차트 보고서

함수

기초식

표 기능

이동 및 찾기

시각화

기타

INDEX